Thomas Widmer

Zu Fuss 2
52 neue Schweiz-Wanderungen

Echtzeit Verlag

«Zu Fuss 2» – warum? Es ist doch bloss ein Jahr her, seit mein erstes Wanderbuch erschienen ist.

Nun, der Nachfolgeband musste sein. Dies aus mehreren Gründen. Zuvorderst darum, weil mein Mitteilungsbedürfnis in Sachen Wandern ungebrochen ist. Es wäre mir nachgerade eine Qual, schöne Dinge zu sehen und auf die Dauer nicht mindestens einem, möglichst aber möglichst vielen Menschen davon erzählen zu können. «Mitteilen» hat mit «teilen» zu tun, darum geht es: Ich möchte das auf meinen Wegen Erlebte und Beobachtete weitergeben. Den anderen von einer besonders romantischen Flussschleife, exquisiten Geröllhalde, charismatischen Bergwirtschaft zu berichten, ist ja auch Sinn und Zweck meiner wöchentlichen Wanderkolumne in der WELTWOCHE.

Kommt hinzu, dass «Zu Fuss», welches letzten Frühling erschien, sich bestens verkaufte und weiterhin verkauft und mir drei Dutzend freundliche Besprechungen in Zeitungen und Zeitschriften, mehrere Radio- und einen Fernsehauftritt («Aeschbacher») eintrug. Der Bedürfnisnachweis ist umso mehr erbracht, als mich, in Form von Mails, Briefen, Anrufen, einige hundert Reaktionen von Leserinnen und Lesern erreichten. Fast alle von ihnen waren zufrieden oder gar glücklich mit dem Buch. Einige hatten dann auch die eine oder andere Anregung anzubringen oder hielten eine Nachfrage auf Lager. Und wenn ein Wunsch häufig und heftig geäussert wurde, dann der: Eine Fortsetzung wäre schön! Und bitte bald!

Hier ist sie. Und da der erste Band so gut angekommen ist, haben wir an dem zugrunde liegenden Prinzip gar nichts geändert. Wieder sind es die kräftigen Fotografien von Raffael Waldner, die die ausgewählten 52 WELTWOCHE-Kolumnen rahmen, wieder machen Kartenausschnitte von SWISSTOPO das Buch zum echten, realitätstauglichen Führer, und natürlich sind die Texte wieder den entsprechenden Wochen des Jahres zugeschrieben, so dass auch mit «Zu Fuss 2» das ganze Jahr hindurch in der Schweiz gewandert werden kann.

Womit ich in diesem Vorwort schon bei den Schlussbemerkungen wäre. Erstens: Selbstverständlich wurden alle Fakten vor der Drucklegung überprüft. Und dennoch lohnt es sich, bei grösseren Wanderunternehmungen kurz zum Telefon zu greifen, denn manches, zum Beispiel Restaurant-Öffnungszeiten, ändert sich schnell. Zweitens sei ausdrücklich festgehalten, dass die angegebenen Gehzeiten sich eher an den gemächlichen als an den kompetitiven Wanderer richten und kleine Rasten miteinschliessen. Und drittens möchte ich betonen, dass ich mich auch im Falle dieses zweiten Buches über Zuschriften aller Art an widmerwandertweiter@yahoo.de freue, die ich selbstverständlich beantworten werde.

Bleibt viertens, einigen Personen und Institutionen für Goodwill, Freundschaft, Unterstützung, Hilfe aller Art, Kritik und Ermutigung zu danken: WELTWOCHE-Chefredaktor Roger Köppel, WELTWOCHE-Verlagschefin Maike Juchler, der ganzen Redaktionscrew und speziell Simon Brunner, meinen Verlegern Wendelin Hess, Beat Müller und Markus Schneider, Sarah Graf, Fotograf Raffael Waldner, Korrektor Edgar Haberthür, Markus Wieser, meinem jüngsten Supporter Tim Keller, SWISSTOPO, dem Buchhandel, SWISSANDFAMOUS, den Schweizer Wanderwegen, meiner Inspirationsquelle www.wandersite.ch und last not least meinen Wanderfreunden vom «Fähnlein Fieselschweif», die mich an jedem zweiten Samstag ins Gelände begleiten (eure Gesellschaft bereichert mich enorm).

Ich wünsche viel Vergnügen da draussen!
Thomas Widmer, März 2008

In 52 Wanderungen durchs Jahr

Texte auf den Seiten 21–83
Übersicht Schweiz auf der Seite 86, Karten auf den Seiten 88–134

Unser aller Klassiker

1
Von Rigi Scheidegg nach Rigi Kulm
in 4 Stunden
Karte auf der Seite 88

Die Rigi ist kein Berg, sondern eine Welt. Schon die Erschliessung zeugt vom Anspruch auf Totalität: Zwei Zahnradbahnen führen auf den Gipfel, dazu kommen zudienende Luftseilbahnen rundum. Unzählige Wanderpfade und Spazierrouten überziehen den Höhenrücken; selten sieht man selbst in der Schweiz ein so dichtes Wegnetz. Zieht man auch all die Beizen und Hotels in Betracht, so fühlt man sich als Ausflugplaner überfordert und möchte den Unis vorschlagen, «Rigistik» mindestens als Nebenfach anzubieten.

Oder kommt mir die Rigi nur so kompliziert vor, weil ich sie bisher ignorierte? Sie als Allerweltserhebung verachtete, die nicht Individuen lockt, sondern Massen? Sie für eine Freiluft-Geriatrieklinik hielt? Auf jeden Fall bin ich meiner Wanderkolumne dankbar. In ihrem Rahmen zwinge ich mich, auch um die Klassiker, die Gassenhauer, die Orte-wo-alle-hingehen keinen Bogen zu machen. Ich ziehe daraus viel Genuss. Es ist enorm bereichernd, sich im eigenen Land wie ein Forschungsreisender zu verhalten.

Also los! In Arth-Goldau besteige ich die Zahnradbahn, die es seit 1875 gibt (ihre Rivalin, die ab Vitznau fährt, nahm vier Jahre zuvor als erste Zahnradbahn Europas den Betrieb auf). Allerdings steige ich nach neun Minuten an der Haltestelle «Kräbel» wieder aus. Eine Seilbahn trägt mich 800 Meter empor nach Rigi Scheidegg. Oben bin ich umgeben von eisigen Schönheiten, bestaune den schneebepackten Rossberg, bestaune Stanserhorn und Buochserhorn, die wie stämmige Zwillinge links und rechts am Eingang zum Engelberger Tal wachen, bestaune all die anderen Zentralschweizer Berge. Unglaublich weit weg scheint mir mein Ziel, der Gipfel auf 1798 Metern. Der präparierte Winterwanderweg führt vorerst leicht abwärts auf einem ehemaligen Bahntrassee (die Linie Kaltbad – Scheidegg wurde 1931 wieder eingestellt) nach Rigi First. Nun geht es kräftig aufwärts. Bei Rigi Staffelhöhe amüsieren mich die beiden Zahnradbahnen, die zusammenkommen und auf ihren Schienchen so niedlich aussehen, dass der Wanderer wähnt, er sei ein Riese und dies seine Spielzeugeisenbahn-Anlage.

Als ich auf Rigi Kulm inmitten von Familien, Touristen, Rentnern das Nebelmeer in seiner Weite erfasse, löscht meine Euphorie definitiv alle Vorurteile. Ich gelobe dir, Rigi: Stets will ich in Zukunft nur gut von dir sprechen. Du bist die Grösste!

Höhendifferenz: Zirka 200 Meter ab-, 500 aufwärts.
Einkehr: Ein erstes Mal auf Rigi Scheidegg; es folgen weitere Gasthäuser.

2 Das Kirchli im Skigebiet

Von Arosa Prätschli nach Innerarosa in 2½ Stunden
Karte auf der Seite 88

In Arosa im Hotel zappe ich mich durchs Fernsehprogramm; auf ORF 1 sagt ein alter Bergführer, die Berge verschafften dem Menschen einen «edlen Rausch». Solch eine erhabene Ekstase erhoffend, besteige ich am nächsten Morgen nah dem Bahnhof den Bus hinauf zum Prätschli. Die Fahrt führt an einem Haus namens «Im Gender» vorbei. Das klingt, als hätte sich die feministische Theoretikerin Judith Butler eine alpine Residenz eingerichtet.

Das Prätschli, ein Hochplateau. Sobald ich den pinkfarbenen Winterwanderwegweiser geortet habe, sind meine Scouting-Sorgen gelöst: «LAW-Mittelstation» steht da. In einer weiten Schleife zieht sich der Weg über den Hang; auf diese Weise bewältigt man die 100 Höhenmeter zur Mittelstation der Luftseilbahn Arosa – Weisshorn, ohne ins Schwitzen zu geraten. In einem Wäldchen stellen sich mir zwei Eichhörnchen so dreist in den Weg, wie es sich für die verärgerten Bewohner eines vom Fremdenverkehr geplagten Habitats geziemt.

Bei der Mittelstation kann man einkehren, könnte gar die Bahn aufs Weisshorn nehmen. Ich verzichte auf den Abstecher. Mein nächstes Ziel ist die Tschuggenhütte. Der Pfad ist wiederum gut ausgeschildert; auf den ersten Metern fällt er mit der Skipiste zusammen, da lohnt sich Vorsicht. Bei der Tschuggenhütte ist erneut Gelegenheit zur Rast, und ich ziehe bereits Bilanz. Einsam war die Route nicht, aber ansonsten enthält sie die zwingenden Zutaten einer guten Winterwanderung: Sonne, Panorama, Restaurants. Allen dreien sprach ich so reichlich zu, dass ich, vor der Tschuggenhütte die gleissenden Berge beschauend, dem edlen Rausch gar nicht mehr so fern bin. Ein Bier hilft die verbliebene Distanz überbrücken.

Danach schwebe ich leichten Fusses abwärts nach Innerarosa. Unterwegs wartet im Skigebiet, womit ich nicht gerechnet habe: ein Friedhof, vor allem aber ein Kirchlein mit einem rührend schiefen Turmaufsatz und einem Dach aus geschwärzten Schindeln. Das ehrwürdige Bergkirchli, 1492/93 errichtet, gemahnt den Tourismusort an seine bescheidene Geburt aus dem Geist der arbeitsam-gottesfürchtigen Walser.

Höhendifferenz: Auf- und abwärts je 100 Meter.
Retour: Bus Innerarosa – Arosa.
Variante: Je nach Schneeverhältnissen kann man – Spektakel! – vom Prätschli aufs Weisshorn laufen (750 Höhenmeter, Talfahrt mit der Seilbahn). Ob der Weg offen ist, weiss Arosa Tourismus, 081 378 70 20.

Zaniglas

3
Von Grächen nach Hohtschugge und retour in 2½ Stunden
Karte auf der Seite 89

Was für eine Schreckenskante, was für ein blutdruckhochtreibender Geländeabbruch! Die kleine Wirtschaft «Hohtschugge» mitten im Wald ist im Winter geschlossen. Das Terrässchen kann man trotzdem betreten. Linst man über die Brüstung, so schaut man direkt in den Abgrund: 800 Meter tiefer liegt Stalden. Jenes Stalden im Kanton Wallis, wo das Vispertal endet respektive in Mattertal und Saastal sich spaltet.

Zu Stalden gehört auch der Punkt Hohtschugge. Ihn freilich steuern wir in dieser Kolumne von Grächen her an. Vormals reichlich abgeschieden, ist dieses zur Tourismusgemeinde geworden, nachdem man in den Fünfzigerjahren die Strasse von St. Niklaus her – «Zaniglas» im örtlichen Dialekt – eröffnete. Seither haben sich die Ferienchalets ausgebreitet, sind Hotels entstanden, hat man in Bergbahnen investiert; gut getan hat der Rapidwuchs dem Ort nicht. Doch das auf einem weiten Plateau angesiedelte Grächen hat einen untötbaren Vorzug: Es gilt als trockenster Flecken der Schweiz. Selten regnet es hier, dafür ist die Sonne gut 1500 Stunden im Jahr präsent. Und nach Sonne lechzen wir im Winter alle.

Die Route nach Hohtschugge, vorgeschlagen auf der Grächen-Tourismus-Homepage, ist ein offizieller Winterwanderweg. Freilich wandelt man an manchen Stellen im Grünen, als sei es Sommer. Startpunkt ist die Post. Wir laufen 30 Meter der Hauptstrasse entlang abwärts und sehen alsbald zur Linken den Fussweg – notabene ein Rest des alten Saumweges – hinab zum Ortsteil Bina. Von Bina aus steigen wir noch einmal ein wenig ab, und danach befinden wir uns auf einem wunderbaren Höhenweg, der Grächens ästhetische Mängel vergessen lässt. Stille herrscht, würdevolle alte Speicher säumen den Pfad. Via Chummulti führt dieser die meiste Zeit bis Hohtschugge geradeaus, wobei am Gegenhang die Prachtsdörfer Embd und Törbel zu bewundern sind.

Zu Stalden, das wir von Hohtschugge tief unten erblicken, habe ich in der hilfsbereiten Online-Enzyklopädie WIKIPEDIA den Eintrag gefunden:* «In Stalden gibt es 16 verschiedene Brücken. Die älteste Brücke ist die Kinnbrücke, die man leider nicht sehen kann.» Faszinierend. Bis anhin habe ich gedacht, unsichtbare Bauwerke kämen allenfalls bei Harry Potter vor.

Höhendifferenz: Auf dem Hinweg je 200 Meter ab- und aufwärts. Für den Rückweg wählt man die Variante via Bärgji. Etwas höher am Hang, weniger Gefälle, teilweise auf Strässchen.
* Nachtrag: Der lustige Satz wurde nach Erscheinen der Kolumne gelöscht.

4 Reise zur Rösti

Von Braunwald zum Nussbüel und retour in 2½ Stunden
Karte auf der Seite 89

Die Zugfahrt ins Glarnerland ist immer wieder ein Erlebnis. Ab Ziegelbrücke reichert ganz anderes Passagiergut die uniforme Wintersportklientel aus der Stadt an: dürre Altfreaks und Marktfahrer in Röhrlijeans, Rastamädchen mit sieben Ringen pro Ohr und Arbeiter mit Bierdosen in der Hand, türkische Jünglinge und verklärt in Tolkiens Schriften schmökernde Stifte. Und jetzt kommt Laune auf im Hogwarts-Express; es wird über die Abteile hinweg gesprächlet und gescherzt und gelacht, es kursieren Papierli zum Selberdrehen, und es breitet sich Tabakduft aus, oft auch eine würzige Cannabisnote.

Nein, das totale Rauchverbot der SCHWEIZERISCHEN BUNDESBAHNEN hat hier, wo dank dem Prinzip der Billett-Selbstkontrolle in der Regel kein repressiver Kondukteur auftaucht und eingreift, bisher nicht perfekt gegriffen. Mindestens nicht in dem Waggon, in dem ich kürzlich sass und in dem sich das liebenswert bunte Völkchen sammelte, das im «Zigerschlitz» einigermassen billig lebt.

Bei der Haltestelle Linthal Braunwaldbahn stieg ich aus, hustete ein-, zweimal kräftig und wechselte auf die Standseilbahn. Wir Touristen waren wieder unter uns. Beim Hochfahren erahnte ich linkerhand bereits mein Wanderziel, das Nussbüel, dessen bewaldeten Hügelvorsprung eine SWISSCOM-Antenne markiert. In Braunwald dann, 1256 Meter über Meer, trat ich in eine herrliche Winterlandschaft und freute mich über die Autofreiheit des Ortes. Einfach war die Orientierung, vor dem «Alpenblick» konsultierte ich den zentralen Sommerwanderwegweiser und schlug den Weg ein, der leicht abwärts führt. Er leitete mich vorbei an locker gestreuten Ferienhäusern auf den mächtigen Ortstock zu. Von dessen Flanke, die ein vereister Wasserfall schmückte, geht jene Lawinengefahr aus, aufgrund deren die Winterwanderroute zum Nussbüel an heiklen Tagen gesperrt wird. Ich selber hatte das Problem nicht; ein Schild gab die Strecke frei, und alsbald genoss ich die Durchquerung eines still-verschneiten Waldes in sauberer Spur.

Endlich der Weiler Nussbüel. In der mit Schiefertischen bestückten Wirtschaft, zu der eine schöne Sonnenterrasse gehört, verschlang ich nicht den legendären Gugelhopf, sondern eine gute Rösti mit Ei, die mich tatsächlich noch zufriedener machte, als ich es ohnehin schon war. Später spazierte ich mit vollem Bauch zurück nach Braunwald und freute mich auf die Heimfahrt. Möge die Bahn mir die fidele Passivraucherei noch lange gönnen!

Höhendifferenz: Auf- und abwärts je 80 Meter.
«Nussbüel»: In der Wintersaison keine Ruhetage. www.nussbuel.ch.
Alternative bei Wegsperrung: Von Braunwald hinauf zum Grotzenbüel (Restaurant, Sonnenterrasse, Gondelbahn-Bergstation) und retour in 2½ Stunden.

5 In Arts Reich

Von der Riederalp zur Bettmeralp und Fiescheralp in 3½ Stunden Karte auf der Seite 90

Wo zum Teufel ist der Aletschgletscher, fragte ich mich, als ich auf der Riederalp ankam; ist er etwa schon weggeschmolzen? Immerhin wirbt die Riederalp mit ihm für sich selber. Ein Einheimischer – langer Bart und Chutteli, der auf einem Hornschlitten ein Riesenpaket hinter sich herzog – klärte mich schliesslich freundlicherweise auf: Der Aletschgletscher liegt versteckt hinter der ersten Bergkette über dem Ort. Aufgrund dieser Belehrung fuhr ich mit der Gondelbahn zur Moosfluh hinauf, und wahrhaftig – da lag nun der riesige Eisstrom, ein Anblick so erhaben, dass ich mich nicht sattsehen konnte.

Wieder auf der Riederalp, suchte ich spätnachmittags mein Hotel auf. Die «Alpenrose» gehört Riederalp-König Art Furrer, und auf der Speisekarte der hoteleigenen Pizzeria war vermerkt, welche Pizza Art mag (es ist die sehr scharfe). Der Zimmerschlüssel-Anhänger hatte dann die Form eines Cowboyhutes, also des Markenzeichens von Furrer aus seinen Jahren als Prominenten-Skilehrer in Amerika.

Am nächsten Morgen begab ich mich auf die Panoramawanderung zur Fiescheralp, die mir auch ein Jahr danach unvergessen bleibt – wegen des Panoramas eben: Klirrend kalt und gleissend hell war es, die Luft war köstlich frisch, und rundherum zeigten sich die höchsten und schönsten Gipfel, darunter das Matterhorn. Dies Bergszenario war fast surreal scharf konturiert; immer wieder musste ich innehalten und mir selber ins Bewusstsein rufen, dass es kein Traum war.

Dazwischen wanderte ich ausgiebig. Der erste Teil der Route spielte sich auf einem verschneiten Strässchen ab. Da war viel Betrieb, Chaletbesitzer gingen zum Einkauf, Kinder schleppten ihre Bobs zum nächsten schlittelbaren Hang, Skifahrer strebten einem der Lifte zu, Rentner führten ihre Dackel spazieren, alpine Liebespaare hielten sich umschlungen. Nachdem ich aber die Bettmeralp auf der Dorfstrasse durchquert hatte, wurde es auf einen Schlag still. Im Wald bewältigte ich eine happige Steigung, gelangte auf eine Krete, kam zur Furri-Hütte und erreichte die Fiescheralp. Dort waren sich all die Stimmen, die in mir wohnen und sich für gewöhnlich gern widersprechen, einig. «Das war eine besonders tolle Winterwanderung», riefen sie unisono.

Höhendifferenz: Zirka 300 Meter auf- und 100 abwärts.
Einkehr: Empfehlenswert sind besonders das Café Imhof auf der Bettmeralp und später die Furri-Hütte. **Hin und zurück:** Seilbahn Mörel – Riederalp Mitte. Seilbahn Fiescheralp – Fiesch. Mörel und Fiesch werden von der Matterhorn-Gotthard-Bahn bedient.

Das rechte Mass

6

Von Elm zur Munggä Hüttä und retour bis Ämpächli in 5 Stunden

Karte auf der Seite 92

Elm hat bei mir noch einen gut. Vor einiger Zeit schlug ich an dieser Stelle eine Frühlingswanderung auf dem Suworow-Weg von Matt nach Elm vor, doch fehlte der Kolumne eine Zeile, der Text war in der Produktion verstümmelt worden, ein Satz stürzte ins blanke Nichts. Das war mir peinlich. Und es blieb in mir das Gefühl zurück, ich sei mit dem Ort noch nicht fertig.

Gern komme ich auf ihn zurück. Und wiederhole: Es handelt sich bei dem zuhinterst im Sernftal gelegenen Dorf um ein Bijou. Dem Tourismus wird in Form weniger Hotels und eines bescheidenen* Skigebietes Genüge getan, ebenfalls exakt im rechten Mass hat es Läden und Beizen. Dazu kommt die Atmosphäre des Historischen, denn eben hier zog 1799 der russische General Suworow mit seinen Kosaken durch, hier ereignete sich 1881 ein Bergsturz mit 114 Toten, hier stehen ein spätgotisches Kirchlein und jene uralten Holzhäuser, die den Wakkerpreis brachten.

Eine erstklassige Winterwanderung hält Elm auch feil. Den Startpunkt finden wir, wenn wir ab der Bushaltestelle Sportbahnen der sanft ansteigenden Strasse entlang 800 Meter weiter taleinwärts gehen und, kurz nach dem Restaurant Camperdun, beim ersten Wanderwegweiser rechts in den Hang halten. In weit ausholenden Schwüngen bezwingt ein vereistes Strässchen die ersten 400 Höhenmeter, wobei – Vorsicht! – ein Teil mit dem Schlittelweg zusammenfällt. Im «Ämpächli» ist nach diesen recht anstrengenden zwei Stunden Gelegenheit zur Rast und zur Wiedervereinigung mit jenen, die ab «Sportbahnen» die Gondelbahn genommen haben, welche neben dem Restaurant endet.

Nach der Rast folgen wir den Schildern zur «Munggä Hüttä» – wieder ein happiger Stutz. Bei der Hütte können wir uns, auf leicht erhöhter Terrasse, auf dem Liegestuhl ausstrecken und die Mordsberge gegenüber anhimmeln, insbesondere die gezackten Tschingelhoren samt dem Martinsloch. Oder wir geniessen dasselbe Premium-Panorama rund um die Bar auf wolldeckengepolsterten Holzbänken beziehungsweise lammfellbedeckten Strohballen. Wohlig werden wir dabei seufzen: Elm ist grossartig!

Höhendifferenz: 700 Meter auf-, 300 Meter abwärts. Nur 3 Stunden dauert die Wanderung Ämpächli – Munggä Hüttä – Ämpächli (auf- und abwärts je 300 Meter).
«Ämpächli»: Im Winter täglich geöffnet.
«Munggä Hüttä»: Immer offen, wenn Ski gefahren wird.
* Nachtrag: Einen Elmer Touristiker störte das Adjektiv «bescheiden», das als Kompliment gemeint ist. Das Elmer Skigebiet sei ausgedehnt, schrieb er mir.

7 Hundeloipe

Von Klosters zur Alp Garfiun und retour in 3½ Stunden
Karte auf der Seite 92

Die Sehnsucht nach dem Ursprünglichen trieb mich in den hintersten Winkel des Tals der Landquart. Ein paar Tage zuvor hatte ich auf der Suche nach Wanderideen die Homepages einiger Tourismusorte abgeklappert. Nachdem sich mir die Internetsite www.klosters.ch in der englischen Version geöffnet hatte, erfuhr ich dort, es gebe in der Gegend Hütten mit *uncomplicated food*. Die Bemerkung brachte mich in Gang.

Dabei hatte ich Klosters bis anhin immer links liegen lassen. Hatte es abgetan als Rummelplatz. Als den Ort, wo sich Prinz Charles mit seinen Buben, von Leibwächtern begleitet, auf Skiern tummelt. Das ist zwar gescheiter, als wenn die Windsor-Racker sich ohne ihren Vater zu dubiosen Kostümpartys begeben – doch eben: in touristischer Hinsicht hat es gravierende Folgen: Als internationalen Skiort mit Jetset-Einschlag in Form tumorartig aufgeschwollener Chalets, GAULT MILLAU-Beizen mit überteuertem Essen, schneeblind umherstolpernder Shopping-Engländer in Moonboots hatte ich Klosters in Erinnerung. Ohne je dort gewesen zu sein, natürlich.

Nach meiner *sentimental journey* weiss ich, dass mindestens das ab Klosters Richtung Osten sich erstreckende Tal seine Urigkeit bewahrt hat. Mit kleinen Einschränkungen: Es gibt hinauf zu meinem Ziel, der Alp Garfiun, ein Fahrsträsschen (das notabene durch die sehenswerte Walsersiedlung Monbiel mit ihren verwitterten Holzhäusern führt). Und es ist anzumerken, dass auf besagtem Alpsträsschen, dem man ab Monbiel ausgeliefert ist, in der kalten Jahreszeit in reger Frequenz Pferdeschlitten verkehren, auf denen dicke Rentner in Pelzverpackung sitzen, die den Geher beglotzen, als sei er das Exotikum.

Auf dem ersten Teil der Strecke hingegen ab Klosters Platz war ich praktisch allein unterwegs auf einem sauber gefrästen, gut signalisierten Winterwanderweg. Dass dieser streckenweise mit der sogenannten Hundeloipe zusammenfiel, beleidigte mich an jenem splendiden Tag auch nicht weiter. Als ich schliesslich auf der besonnten Terrasse der «Alphütte Garfiun» am Fusse prächtiger Berge eine Gerstensuppe und eine Hauswurst verschlang, war meine simple Welt in perfekter Ordnung.

«Alphütte Garfiun»: In der Wintersaison täglich geöffnet.
Abkürzung: Ab Klosters Platz per Ortsbus nach Monbiel und retour. Dies halbiert die Gehzeit.
Höhendifferenz: Auf- und abwärts je 200 Meter.
Winterkarte: Klosters Tourismus, 081 410 20 20.

Frau schlägt zu

8

Von der Lenk zu den Simmenfällen und retour in 3½ Stunden
Karte auf der Seite 93

Anfang der Neunzigerjahre, als Redaktor bei der BERNER ZEITUNG, wurde ich ignoranter Ostschweizer einer Schulung in bernischen Ortsnamen unterzogen. Ich lernte zum Beispiel, dass es heisst: «an der Lenk». Und nicht, wie man ab und zu hört, «in der Lenk». Und schon gar nicht «in Lenk». Der Name der Simmentaler Gemeinde leitet sich ab von der «Längegg», dem vom Oberlaubhorn abgehenden Grat. «An der Längegg» wird zu «an der Lenk».

Man kann an der Lenk schön winterwandern. Den Fluchtpunkt respektive Zufluchtpunkt bildet zuhinterst im Talgrund das Hotel Simmenfälle unter der Wand des Wildstrubelmassivs. Dieser Bergklotz trennt die Berner von den

Wallisern; legendär die einstigen Scharmützel zwischen den zwei Stämmen, besonders jenes, bei dem die Lenker Frauen in Abwesenheit ihrer Männer die in böser Absicht anrückenden Walliser mit Sensen und Heugabeln bodigten. «Bi de Toete» heisst bis heute der Ort, wo die gefallenen Walliser beerdigt wurden.

Beim Bahnhof laufen wir los. Zur Linken der unternehmungslustig glucksenden Jungsimme halten wir auf schnurgeradem Strässchen durch den weiten Bergkessel. Die Schrecken der Zivilisation enden glücklicherweise mit dem Parkfeld der Metschbahn; hernach gehen wir teilweise im Wald, passieren den Rand eines letzten Weilers, sind damit definitiv im Reich des einsamen Langläufers (und Winterwanderers). Eine Tafel informiert über die Simme, eindrücklich: Sie führt das Wasser eines Einzugsgebietes von 37 Quadratkilometern ab; bis zu 30 Kubikmeter pro Sekunde sind es in Spitzenzeiten.

In dem erwähnten Hotel kehren wir ein; der Ort ist, wie der Besucher ihn sich wünscht: gemütliche Stube, gute Küche, netter Service. Die Simmenfälle 100 Meter weiter hinten taufte man besser um in «Simmenrampe», denn das Wasser stürzt nicht über eine Kante ins Leere, sondern kaskadiert auf rutschbahnartig gekippter Fläche stufenweise hernieder. Nach der Besichtigung geht es auf dem gleichen Weg retour bis zum Abzweiger nach links; via Ey und via das Seeli, dessen Wintervögel gern gefüttert werden, erreichen wir wieder das Dorfzentrum. Am Bahnhof wartet der blau-crèmefarben gestrichene Schmalspurschnuckelzug, bei dessen Anblick ich denke: In so einer süssen Keksdose führe Daisy Duck in die Ferien.

«Simmenfälle»: Täglich geöffnet.

9 Die doppelte Barbie

Eine Zugerberg-Rundwanderung ab Bahn-Bergstation in 3 Stunden
Karte auf der Seite 94

Das Echo auf meine Wanderkolumne kommt mittlerweile kräftig in Form von Mails, Anrufen und Briefen; nebst Detailkritik und Generallob treffen regelmässig auch valable Wandertipps ein. Franziska Schmid aus Luzein etwa hat mir eben per Mail einen neuen Winterweg empfohlen, von dem ich nicht wusste und der in ihrem Nachbarort beginnt: Von Pany führt er via Alp Bova in 3 Stunden nach St. Antönien und bietet offenbar einen tollen Blick auf die Berge der Gegend. Merci, Frau Schmid – sicher werde ich die Route testen.

Damit vom Prättigau zum Zugerberg, einer praktischen Hochebene: Vom Grossraum Zürich aus ist sie bestechend schnell erreichbar. Unsere Wanderunternehmung startet auf der Westseite des Bahnhofs Zug bei der Haltestelle «Metalli West». Mit dem Bus der Linie 11 gelangen wir in weniger als einer Viertelstunde zur Endhaltestelle Schönegg, wo wir auf die Standseilbahn umsteigen. Beim Hochfahren offenbart sich allmählich die Schönheit des Zugersees samt seinem Umland. Oben dann wartet in der Bergstation erstens eine Wirtschaft mit der ganzen Aussicht und zweitens der zentrale Wanderwegweiser mit mehreren Winterrouten.

Route zwei ist sauber signalisiert und bereitet uns viel Freude; einzig sind die Strässchen, über die sie zum Teil führt, an einigen Stellen tückisch vereist. In Südrichtung laufen wir nach Früebüel, drehen Richtung Osten zum Buschenchappeli, drehen dort nach Norden; hinauf zur Räbrüti ist nun eine mittelstrenge Steigung zu bewältigen. Hernach geht es wieder abwärts; bei Vordergeissboden ist der Rundweg praktisch vollendet.

Im gleichnamigen Restaurant essen wir eine Kleinigkeit und sind dabei allein mit zwei jungen Damen von vielleicht 16 Jahren, die durch gute Manieren auffallen und ausserdem aussehen, als sei Barbie gleich doppelt Mensch geworden. Ihr Essen besteht aus Salat, von dem sie nur einige Blätter picken; irgendwie passen die zwei – in der einen vermute ich aufgrund des Akzents ihres Englischen eine Russin – nicht in die agrarische Saft-und-Kraft-Gegend. Auf dem Zugerberg, erklärt uns die Serviererin später, befindet sich auch das Institut Montana, ein Internat mit internationaler Schülerklientel.

Höhendifferenz: Auf- und abwärts je 100 Meter.
«Vordergeissboden»: Im Februar kein Ruhetag. Im März Dienstag und Mittwoch geschlossen. www.vordergeissboden.ch.

10 Welscher Flumserberg

Von der Tannenbodenalp via Chrüz zur Prodalp in 2 Stunden
Karte auf der Seite 95

Auf dem Flumserberg und um ihn herum sind viele Flur- und Ortsnamen romanischer Herkunft: Cafröa, Panüöl, Mädris, Plons, Tils, Mels beispielsweise. Das rätoromanische Siedlungsgebiet spannte sich einst von Graubünden aus bis fast zum Bodensee hinab – und, eben, bis zum Walensee. Genau darum heisst dieser, wie er heisst: «Walen» ist eine Nebenform zu «welsch», und «Welsche» oder «Churwelsche» nannten die Deutschschweizer früher die Rätoromanen.

Ich las das vor einiger Zeit im Buch «Durchs wilde Wortistan», einer träfen Sammlung kleiner und grosser Wortgeschichten. Jetzt, da ich von Unterterzen in der Gondel 1000 Meter zur Tannenbodenalp aufschwebe und tief unten den Walensee sehe, das fjordartige Schmalgewässer – jetzt fällt es mir wieder ein.

Auf der Tannenbodenalp ist fertig philologisiert, der Flumserberg ist vermasste Wintersportzone. Im Restaurant Cresta (noch ein «welscher» Name) können wir einkehren. Danach halten wir auf einem spitzwinklig von der Skipiste nach links abzweigenden Strässchen, dem offiziellen Winterwanderweg, aufwärts zum Chrüz. Bald schon sind wir den Rummel los, unterqueren freilich noch zweimal den Sessellift. Auf dem Chrüz – auch hier gibt's eine Wirtschaft – können wir die Churfirsten uneingeschränkt bewundern. Sie bilden in ihrer Ebenmässigkeit ein Schmuckstück von Bergkette.

Nach dem Chrüz erreichen wir bald einen Höhenweg. Es ist der stärkste Moment der Wanderung; nun nämlich rücken auch die Gipfel Vorarlbergs ins Blickfeld, das Panorama wird perfekt, erstklassig kann man hier verweilen.

Auf die Prodalp abgestiegen, werden wir schliesslich wieder von Menschengetümmel empfangen, das wir gefasst ertragen, um mit der Gondel nach Tannenheim hinabzuschaukeln. Dort sticht der Sportshop der Marie-Theres Nadig ins Auge, Doppelsiegerin Abfahrt und Riesenslalom der Olympischen Spiele in Sapporo 1972. Hach, damals war ich zehn, und «Maite» machte mich mit ihren Erfolgen glücklich und stolz.

Sie ist nicht im Laden. Mit dem Bus verlasse ich den Berg Richtung Flums. Flums? Schon wieder ein Name romanischer Provenienz.

Anreise: Mit dem Zug von Zürich via Ziegelbrücke nach Unterterzen.
Heimreise: Mit dem Zug von Flums via Ziegelbrücke nach Zürich.
Höhendifferenz: 250 Meter auf-, 100 abwärts.
Buch: Christian Schmid, «Durchs wilde Wortistan». Cosmos, 2004.

Ogi, warum?

11

Von Zermatt nach Furi und retour in 2½ Stunden

Karte auf der Seite 95

Während ich zehn Tage vor Weihnachten 2007 erstmals durch den neuen Lötschberg-Basistunnel fuhr, sinnierte ich: Ogi Dölf, was hast du deiner Berner Heimat angetan? Dein Kandersteg, das auf Touristen doch angewiesen ist, bleibt aussen beziehungsweise oben vor, weil du erfolgreich für diesen Tunnel geweibelt hast. Es liegt nun abseits der Hauptverkehrsader. Es ist ein Neat-Opfer. Ogi, was soll das? Ogi, warum?

Neat sei Dank gelangt man dafür in 3 Stunden 14 Minuten von Zürich nach Zermatt; der Ort ist ab sofort attraktiv für Tagesausflüge. Er ist ein Neat-Gewinner. Hier die Idee, wie man einen Zermatt-Tag schön gestaltet; man muss dazu aber um 7.00 Uhr in Zürich abfahren, um 7.01 in Basel, um 8.07 in Bern; nur so kommt man sinnvoll früh an (10.14).

Und dann? Wird gewinterwandert. Ich tat Folgendes: Durch den Ort spazierte ich zur Furi-Bahn-Talstation; auf der anderen Seite des Bachs beginnt der Weg via Zum See hinauf zum Weiler Furi. Gegen 11.30 Uhr kam ich oben an, nachdem ich die meiste Zeit das Matterhorn vor Augen hatte. Unter den Wirtschaften wählte ich das «Gitz-Gädi», und um ein Diktum von WELTWOCHE-Gastrokritiker Julian Schütt auf dieses Lokal anzuwenden: Ausser dem Essen (einer poweren Käseschnitte) stimmte in dem Restaurant einfach alles. Der Service aus Dresden war nett, die Stube rustikal, das Cheminée behaglich befeuert.

Anschliessend der Retourweg: Ich ging auf verschneitem Strässchen Richtung Stafelalp, bog auf halber Strecke rechts ins Tobel des Zmuttbaches, bestaunte das verschattete Riesengebäude des Grande-Dixence-Kraftwerks, das in Zermatt-Zmutt eine Pumpstation unterhält, hielt aufwärts zum hübschen Weilerchen gleichen Namens und wieder hinab nach Zermatt.

Nun war es kurz vor 14 Uhr. Zu früh für die Heimreise. Und also beschloss ich zur Abrundung eine Fahrt aufs Klein Matterhorn. Via Furi und Trockenen Steg gondelte ich zu diesem höchsten per Seilbahn erreichbaren Punkt der Alpen (3883 Meter) und hechelte zur Panoramaplattform. Der einsetzende Höhenrausch, ein champagnereskes Prickeln in Kopf und Gliedern, ist allein die Reise nach Zermatt wert, das ich gegen 17 Uhr zufrieden verliess.

Höhendifferenz: Je 300 Meter auf- und abwärts.
SBB-Englisch: Lautsprecherdurchsage (Frauenstimme) am 14. Dezember 2007 im Zug, während dieser – fahrplanmässige Abfahrtszeit 8.07 Uhr – mit leichter Verspätung den Berner Bahnhof Richtung Visp verlässt: *For the delay for three minutes, we ask you to apologize.*

12 Simons Tipp

Von Bever durchs Val Bever nach Spinas in 1½ Stunden
Karte auf der Seite 96

Ein schöner Ort, den man oft sieht, drängt sich als Wanderziel auf. Manchmal missachtet man ihn umso hartnäckiger. Den unteren Teil des Val Bever habe ich im Zug Mal für Mal durchmessen, fand die 4 Kilometer zwischen Albulatunnelportal und Bever reizend, beobachtete auch einige Male Wanderer, kam aber unerklärlicherweise nicht auf die Idee, mich dort selber zu verlustieren.

Doch dann liess mein Redaktionskollege Simon Brunner, ein eingefleischter Nichtwanderer, beim Pausenkaffee seine, wie er sagte, «Glamferien» in St. Moritz Revue passieren. Und beiläufig stellte er fest, es sei übrigens ein prächtig vor sich hin witternder Kleinbahnhof, der da gleich nach dem Albulatunnel im Bevertal den Vorposten des Engadins gibt – ob ich, Widmer, da nicht mal hin müsste? Ich stimmte zu: Ja, Simon, Spinas ist mir auch schon aufgefallen; der Bahnhof sieht aus wie das alte Haus von Rocky Docky. Und ich schwöre dir: bei der nächsten Gelegenheit werde ich diesen Ort erwandern.

Was ich auch tat. An einem sonnigen Januartag startete ich beim Bahnhof Bever vorne im Engadin. Ich ging auf der Strasse 150 Meter Richtung Samedan und fand alsbald den richtigen Winterwanderwegweiser. Dem Bach Beverin entlang betrat ich das Val Bever, das winters autolos ist. Die Eisenbahn verabschiedete sich, nachdem ich ihr Trassee unterquert hatte; sie blieb zur Linken in einiger Distanz zurück. Der Rest der Strecke war Genussgehen bei mässiger Steigung zwischen imposanten Bergen.

Schliesslich Spinas. Und oh Freude! – was ich vom Zug aus nie gesehen hatte: Der Bahnhof hat seinen Abort in ein Knusperhäuschen ausgelagert. Ein WC-Stöckli gewissermassen, sehr herzig. Zweitens gibt es 150 Meter weiter, was wohl tut im verprotzten Oberengadin, die bescheidene Wirtschaft Suvretta. Fazit: Wer nicht inmitten von Pelzmänteln ins Fextal und ins Val Roseg winterwandern will oder auf dem Muottas Muragl den «Philosophenweg» abstapfen, also das tun, was alle tun, der hat in dieser Gegend eine Alternative. Das Val Bever eben samt dem Bahnhof von Spinas. Merci, Simon, das war ein guter Tipp.

Höhendifferenz: 100 Meter aufwärts.
Einkehr: Das «Suvretta» ist tagsüber an allen Tagen geöffnet, abends nur auf Anmeldung. www.spinas-bever.ch.
Rückfahrt: Zug ab Bahnhof Spinas nach Samedan. Wenige Kurse, Fahrplan konsultieren! Halt auf Verlangen, am Bahnhof den Knopf drücken!

Freudenrunde

13
Von Pfäffikon um den Pfäffikersee in 3 Stunden
Karte auf der Seite 96

Der Linthgletscher wälzte sich ausgiebig in der Molasse und gab, als er endlich schmolz, eine Kuhle frei. So entstand der Pfäffikersee, ein in seinem Riedgürtel idyllisch anmutendes Kleingewässer von 3,3 Quadratkilometern im Zürcher Oberland.

Neun Kilometer lang ist der Wanderweg um den See; er eignet sich auch für den robusten Kinderwagen. Eine Route für die ganze Familie also. Sie ist es umso mehr, als man eine halbe Stunde nach dem Start beim Pfäffiker Bahnhof das Römerkastell von Irgenhausen erreicht, eine juvenile Abenteuerfantasien zuverlässig nährende Ruine. Zuvor passiert man aber noch den Selbstbedienungskiosk des mit Behinderten arbeitenden Bio-Bauernbetriebs Palme, wo es unglaublich feinen Sirup flaschenweise zu kaufen gibt. Dann das Kastell. Die Römer hatten ein Auge für effektvolle Orte, denkt man auf dem 25-Meter-Hügel, einem einst unter dem Gletscher geformten Drumlin: Man hat von hier oben einen grossartigen Blick auf den Kranz der Zentralschweizer Alpen. Die genaue Datierung der Mauerreste ist umstritten. Das Kastell wurde zwischen 294 und 370 nach Christus gebaut, lässt sich sagen.

Nachdem wir ein von Entwässerungsgräben durchzogenes Sumpfgebiet und auch den Chämtnerbach gequert haben, langen wir am Südostufer des Sees an. Der Strandbadkiosk Auslikon bewirtet uns netterweise auch ausserhalb der Zelt- und Badesaison. Wir kaufen eine Wurst, setzen uns an den See, essen und vergessen. Bis wir aus dem Säumen und Träumen wieder erwachen; es stehen nun weitere gut anderthalb Stunden beschwingten Gehens an.

Fazit: Für mich war die Gegend um den Pfäffikersee Neuland, dessen Inbesitznahme mir viel Freude bereitete.

Einkehr: Der Strandbadkiosk ist zu dieser Jahreszeit am Wochenende und bei gutem Wetter auch unter der Woche offen. Ab 1. April durchgehend geöffnet. www.seekiosk.ch. **Lektüre:** «Vom Grabhügel zur Ökosiedlung. Zürcher Bau-Geschichten». Chronos, 2007. Das Buch ist ganz nebenbei ein formidabler Wanderideenspender, indem es aus jeder der 171 Gemeinden des Kantons Zürich einen markanten Bau in Wort und Bild vorstellt (aus Pfäffikon zum Beispiel das oben erwähnte Römerkastell Irgenhausen).

14 Im Menhirland

Von Corcelles nach Concise
in 1½ Stunden
Karte auf der Seite 97

Westlich des Neuenburgersees stehen bei Corcelles-près-Concise vier Menhire. Und 2 Kilometer weiter Richtung Neuenburg befindet sich oberhalb von Concise jenes Feld, auf dem die Eidgenossen am 2. März 1476 das mächtige Heer Karls des Kühnen besiegten. Was aber haben die hier in eine Kolumne gepresste Schlacht von Grandson und das Menhir-Ensemble gemein – ausser dass sie nah beieinanderliegen? Nun, zumindest dies, dass die Leute in den letzten Jahrhunderten meinten, das Steinviereck bezeichne den Ort, wo der von Grandson anrückende Burgunderherzog vor der Schlacht im Zelt lagerte.

Wir starten im nahen Yverdon, wo es übrigens eine viel imposantere Hinkelsteinanlage zu besichtigen gäbe, allerdings an einem ausnehmend hässlichen Ort: nah der Hauptstrasse nach Estavayer-le-Lac, in einer schütteren Waldlichtung. Dort sind 45 Menhire zu einem Halbkreis sowie einem Alignement, einer Steinallee, ausgerichtet.

Mit dem Bus fahren wir vom Bahnhofplatz Yverdon via Grandson nach Corcelles. Vor Bonvillars sehen wir rechterhand einen einzelnen Menhir sich aus einem Rebenfeld recken, einen stolzen Individualisten. In Corcelles steigen wir aus, laufen an den Dorfeingang zurück und finden mit Hilfe eines Wegweisers in einer Viertelstunde zu dem erwähnten Menhir-Viereck. Was genau dieses bezweckte und warum überhaupt in dieser Gegend gleich an mehreren Orten Menhire stehen: Fantasieren erlaubt.

Dasselbe Motto gilt fürs Schlachtfeld, das wir in einem leichten Spaziergang von einer halben Stunde erreichen, indem wir jetzt das Strässchen nach Nordosten nehmen und dann in Concise ein Stück der steilen Strasse hinauf nach Mutrux folgen; gleich da, rechts im Hang, wurde gekämpft, und auch in diesem Fall darf man spekulieren, wie genau das historische Szenario ausgesehen hat. Immerhin steht am Waldrand eine Tafel mit einigen Informationen. Man weiss über die spätmittelalterliche Schlacht halt doch wesentlich mehr als über die Menhire aus der Jungsteinzeit. Dafür lassen diese Gedankenspielen noch mehr Raum.

Heimreise: Von Concise per Bus retour nach Yverdon. **Familien:** Die Wanderung ist kinder- und kinderwagentauglich. Die Höhendifferenz beschränkt sich auf 50 Meter im Anstieg von Concise zur erwähnten Infotafel. **Topografie:** Für die ganz genaue Orientierung braucht es die Landeskarte 1:25 000, Nr. 1183, «Grandson». Menhire und Schlachtfeld sind darin markiert. **Lektüre:** Das präziseste Bild der Schlacht entwirft Hans Rudolf Kurz in «Schweizerschlachten». Francke, 1962. Antiquarisch greifbar.

Die Lauserin

15

Von Klingnau nach Zurzach in 2 Stunden

Karte auf der Seite 97

Roms Thebäische Legion bestand aus ägyptischen Christen, tat aber in Europa Dienst. Als die Truppe im Wallis stationiert war, kam es zum Massaker: Die Soldaten, wider ihren Glauben zu heidnischen Handlungen gedrängt, wählten den Märtyrertod; sie wurden alle hingerichtet. Das war um 300. Nach einem der Enthaupteten, Mauritius, ist St-Maurice im Wallis benannt.

Was hat das mit dieser Kolumne zu tun, die doch im Aargauischen spielt? Viel, denn in Zurzach, dem Ziel meiner Tour von Klingnau über den Achenberg, wieder einer idealen Familienwanderung übrigens, ist in einer grossartigen Kirche die heilige Verena begraben – eine Ägypterin: Sie war als junge Frau, wie das durchaus üblich war, den im römischen Sold stehenden Männern ihrer Sippe gefolgt. Später, nach dem Gemetzel an ihren Angehörigen, verlegte sie sich auf ein frommes Leben. Sie pflegte die Armen und die Kranken, was in ihren Attributen ausgedrückt ist, die man auch an der Statue in der Zurzacher Verenakirche sieht: Mit dem Doppelkamm lauste sie Leute, mit Wasser aus ihrem Krug wusch sie diese. Eine Zeit lang waltete sie als Haushälterin eines Priesters. Sie gilt darum auch als Schutzpatronin dieses paraklerikalen Berufsstandes. Und in der Verenaschlucht nahe Oberdorf SO ist ein Felsblock zu besichtigen, den angeblich der Teufel auf sie abwerfen wollte, worauf sie, damals ganz Klausnerin, ihn mit ihrem unschuldigen Blick fixierte und er den Stein auf den eigenen Fuss fallen liess.

Zurück in die Gegenwart. Wir starten am Bahnhof Klingnau, besichtigen das Städtchen, unterqueren hernach die Geleise und finden uns gleich auf der «Dornestigele» wieder, einem steilen Rebpfad, in dessen Namen die mittelalterliche Pilgerei nachhallt. Bald eröffnet sich eine grosse Aussicht; man blickt auf den Rhein, in den 4 Kilometer von hier die Aare fliesst, aufs KKW Leibstadt, auf die mächtige Lücke im Südwesten, wo in Urzeiten ein Gletscherstrom den Faltenjura durchsägte.

Auf dem Achenberg kommt dann eine Loretokapelle in Sicht und gleich unterhalb eine Wirtschaft mit Kinderspielplatz. Anschliessend geht es abwärts nach Zurzach. Dessen berühmte Kirche ist eine Mischung von Romanik (Schiff), Gotik (Turmchor) und Barock (tortenartige Verzierungen und Kolorierungen).

Dank der ägyptischen Verena, die im Jahr 344 gestorben sein soll, entstand in Zurzach ein überregionaler Wallfahrtsverkehr, kam viel Handel und Wandel auf. Migration bringt mehr Gutes, als manche meinen.

Hin und zurück: Bahnlinie Baden – Klingnau – Zurzach.
Höhendifferenz: Auf- und abwärts je 200 Meter.
«Achenberg»: Komplizierte, sehr reduzierte Öffnungszeiten.
www.achenberg.ch/restaurant.

Weltkrieg im Luzernischen

16
Von Wauwil via Ettiswil und den Bluemeberg nach Nottwil in 5 Stunden
Karte auf der Seite 98

Der nördliche Teil des Kantons Luzern heisst auch «Güllezone». Im Wauwilermoos wird aber schonend gebauert; die gleichnamige Strafanstalt ist ein mit der Knospe beglaubigter Bio-Grossbetrieb. Ausserdem ist das Moos bekannt für seine Vögel, für die Naturliebhaber, die durchs Ried kreuchen und fleuchen, für die Jungsteinzeitdörfer, deren Reste man ausgegraben hat. Und für die Torfstecherei früherer Zeiten; ein paar «Torbeschürli», Torfziegel-Trocknungshüttchen, stehen noch.

Als ich mit meinem ehemaligen Redaktionskollegen Jürg Fischer in Wauwil starte, liegt Nebel über den Feldern. Darauf haben wir gehofft, denn wir wollen streng nach Goethe Erlkönig-Stimmung erhaschen («Mein Sohn, was birgst du so bang dein Gesicht? / Siehst, Vater, du den Erlkönig nicht? / Den Erlenkönig mit Kron und Schweif? / Mein Sohn, es ist ein Nebelstreif»). Allein könnte es einen im Moos wirklich gruseln, kreuzte man nicht einige Wege und Schmalsträsschen; das Terrain ist nicht allzu verlassen, ist durchaus Teil der Zivilisation. Schnurgerade zieht sich die Route Richtung Süden bis Ettiswil; dort verengt sich die Ebene zum Tal der Rot: Ende Wauwilermoos. Wir haben aber noch nicht genug und laufen via Grosswangen, Oberrot, Bluemeberg zum Sempachersee. In Nottwil sind wir, nachdem wir 200 Meter höher die Sonne sahen, erneut im Nebel.

Wieder zu Hause, setze ich mich zwecks Nachrecherche an den Computer. Und siehe da, GOOGLE liefert mir zum Suchwort «Wauwilermoos» Bemerkenswertes. Berichte amerikanischer Veteranen, die während des Zweiten Weltkriegs im Interniertenstraflager Wauwilermoos, auf dem Gelände der heutigen Strafanstalt, unter der Fuchtel eines Schweizer Nazi-Sympathisanten den Horror erlebten: Schikanen, Demütigungen, absurd überrissene Strafrituale aller Art. André Béguin war, das entnehme ich später einer Reportage des Historikers Peter Kamber, 1937 Chef der Sektion Yverdon des faschistischen «Front national», durfte trotzdem Offizier bleiben, war als Lagerkommandant ein Despot und korrupt dazu. 1946 musste er wegen Betrugs, Veruntreuung, Bestechlichkeit ins Zuchthaus.

Aus zorniger Erinnerung heraus titulieren alte US-Soldaten das Lager im Wauwilermoos als «Concentration Camp». Die Landschaften, die wir durchwandern, haben stets eine Gegenwart und eine Geschichte.

Hin und zurück: Wauwil und Nottwil liegen an der Bahnlinie Olten – Luzern.
Höhendifferenz: Auf- und abwärts je 200 Meter.
Historie: US-Pilot George Wood Mears' Erinnerungen auf www.geocities.com/cadet1.geo/AV1.html.
«Erlkönig»: Das Gedicht findet sich zum Beispiel auf gutenberg.spiegel.de.

17 Patavu und der Fähnrich

Von Gampelen über den Jolimont nach Erlach in 2½ Stunden
Karte auf der Seite 100

Die S5 ab Bern trägt uns in eine Zone der Zweideutigkeit: Die Orte vor Neuenburg bilingueln. Kerzers ist Chiètres, Ins Anet, und als wir in Gampelen aussteigen, sind wir auch in Champion angekommen. Bloss der Jolimont, der sich zwischen Neuenburger- und Bielersee aufbaut, heisst nur Jolimont, hat also anders als der nahe Mont Vully (Wistenlacherberg) keinen deutschen Namen.

Wir laufen vom Bahnhof ins nahe Dorf und durchqueren es, biegen dann links in den Steilhang, eine Treppe hilft. Was danach an Steigung noch folgt, ist mässig, denn der Jolimont ist kein Berg, sondern ein langgezogener Hügel. Etliche Wege führen durch den ihn bedeckenden Wald, doch wird man sich nicht ernstlich verirren, wenn man nur den Jurariegel zur Linken als Orientierungshilfe nimmt und parallel zu ihm geht. Allerdings finden wir die Findlinge nicht, die auf der Karte eingezeichnet sind, drei Blöcke, die einst auf dem Rücken des Rhonegletschers aus dem Val de Bagnes anritten. Wir landen dafür auf der Lichtung des Jolimont-Gutes, des ehemaligen Höhenablegers der Abtei St. Johannsen; es ist ein schöner, zum Teil spätgotischer Bau in den Äckern. Und dann der Höhepunkt dieser Route: Von der Geländekante über Erlach erblicken wir den Bielersee. In seiner ganzen Länge streckt er sich unter uns gegen Nordosten und wird auf seinem ersten Drittel durch die Landschnur, die von Erlach zur Petersinsel führt, der Länge nach geteilt. Deren Bezeichnung als «Insel» ist angebracht: Erst durch die zweite Juragewässerkorrektion, als der Seespiegel künstlich abgesenkt wurde, entstand der schmale Zubringer.

Wir stehen und schauen. Dann steigen wir ab ins Erlacher Altstädtchen. Im Internet habe ich gelesen, dass von hier Diebold von Erlach stammt. 1564 landete Thiébaud d'Arlac, wie der Bernpatrizier von seinen französischen Reisegenossen genannt wurde*, mit einer Calvinisten-Expedition in Florida. Man suchte Gold und Silber, legte sich gleich mit den örtlichen Indianerstämmen an; Fähnrich von Erlach tötete den Häuptling Patavu. Ein Jahr später musste er, 24 Jahre jung, selber dran glauben: Spanier metzelten die Truppe und wohl auch von Erlach. So starb der erste Schweizer in Amerika.

Rückkehr: Von Erlach mit dem Bus nach Ins und mit der S5 retour nach Bern.
Höhendifferenz: Auf- und abwärts je 200 Meter.
* Erlach heisst auf Französisch eigentlich Cerlier.

Südschweizer Bauwunder

18
Von Cama nach Santa Maria in Calanca in 2½ Stunden
Karte auf der Seite 101

Als wir in Cama im unteren Misox aus dem Bus steigen, erblicken wir gleich ein Schild, das für einen Grotto-Themenweg wirbt. Wäre auch ein Projekt: Grotto um Grotto aufsuchen und in jedem Grotto eine Gazosa probieren oder einen Nostrano, einen billigen Roten, den man gern mit zitronisierter Gazosa mischt und aus dem *Tazzin* trinkt, der Tasse also. Doch für diesmal ist der Plan ein anderer und widmet sich dem Hang zur Linken. Dessen 600 Höhenmeter gilt es auf dem Weg ins Calancatal zu bewältigen. Ziel ist der Ort Santa Maria, dem eine uralte Kirche den Namen gab. Die Santa Maria Assunta, auf einem Hügelsporn thronend und von einer Donjonruine flankiert, gilt als Bauwunder der Südschweiz.

Wir starten am Bahnhof von Cama. Jawohl, Bahnhof. 1907 wurde die Linie von Bellinzona nach Mesocco eröffnet. Doch so richtig auf Touren kam der Betrieb nie, schon deshalb nicht, weil die Strecke schlecht mit dem nationalen Schienennetz koordiniert war: Sie begann beziehungsweise endete 500 Meter vom SBB-Bahnhof Bellinzona entfernt. Portionenweise wurde sie wieder stillgelegt; heute verkehren sehr selten und bloss auf einem Teilabschnitt Nostalgiezüge. Wir dürfen es also, brav dem Wanderwegschild folgend, riskieren, auf den übergrasten Schienen 30 Meter zurückzulaufen. Dort biegt der Weg in den Hang. Nun geht es, meist im Wald, aufwärts, wobei verrottende Kastanienhüllen den Grund polstern. Bildstöcke mit Marienmotiven zeigen, dass es sich um einen Wallfahrtspfad handelt. Die einzigen Pilger an diesem Tag sind aber wir. Protestanten aus Zwinglizürich!

Im Minidorf Verdabbio lädt ein Grotto zur Rast, wir trinken schnell ein Mineral. Die grosse Einkehr sparen wir uns für Santa Maria auf, wo die Aussicht laut einem Freund grandios sein soll. Stimmt voll und ganz, stellen wir oben fest. Die Marienkirche, an deren Tür ein Bild des deutschen Papstes klebt, lohnt ihren Besuch im Übrigen allein der einzigartigen vierhundertjährigen Kassettendecke wegen; will man auch all die anderen Kostbarkeiten würdigen, lohnt es sich, in den aufliegenden Kunstführer zu investieren. Wieder draussen, spähen wir von diesem Adlerhorst aus erneut hinab ins Tal und verstehen, dass hier schon vor 4500 Jahren gebauert wurde und dass in dem eine Terrasse tiefer liegenden Ort Castaneda die Etrusker ihre Spuren hinterlassen haben. Santa Maria samt Umgebung ist zeitlos attraktiv.

Hin und zurück: Bus von und nach Bellinzona.
Grottotipp: In Cama im «Milesi-Belloli» einkehren!

Das Wander-Tohuwabohu

19

Von Gelterkinden über die Sissacherfluh nach Hersberg in 3 Stunden Karte auf der Seite 101

Schroff baut sich die Sissacherfluh über Sissach auf, richtig aggressiv wirkt die Kalkwand; dabei gilt das Baselbiet mit seinen Kirschbäumen doch als besonders liebliche Landschaft. Was unser Grüpplein von zehn Leuten betrifft, so wählten wir nicht die Direttissima zur Fluh, sondern stiegen ein Dorf vor Sissach aus dem Zug. Wir wollten prüfen, wie Gelterkinden aussieht, wo der Sänger Baschi, bekannt aus «MusicStar», wurde und wuchs.

Na ja. Gelterkinden war wenig glamourös, nichts deutete auf den berühmten Baschi hin, und so liefen wir los. Via Höchi schafften wir es in 90 Minuten auf die Fluh und beschauten von der Terrasse aus all die Hügel rundum.

In der nahen Wirtschaft sass Freund Hürzi, der mit Emil-dem-Hund fünf Minuten Vorsprung herausgeholt hatte, bereits am Tisch, als wir anderen ankamen. Die Präventivfrage der Serviererin, ob wir etwas essen wollten, hatte er offenbar mit Nein oder wenigstens nicht mit einem klaren Ja beantwortet. Daher ernteten wir, als wir spontanhungrig um die Menükarte baten, einen Rüffel: «Zuerst wollen Sie nicht essen, und jetzt wollen Sie doch!», blaffte die Frau uns an. O weh! Man wird als Gast in solchen Situationen ganz klein und schämt sich für die eigene Unzulänglichkeit. Letztlich bekamen wir dann aber doch etwas zu essen. Und was wir bekamen, war gut; die Einkehr endete in Minne.

Als Wander-Endziel hatte ich Hersberg ausgerufen. Nur hatten anscheinend – es muss mir an Charisma fehlen – nicht alle zugehört. Als wir nun nämlich weitergingen, zog sich die Truppe in die Länge und zerfiel im dichten Wald in drei Teile, die verschiedene Wege einschlugen. Meine Fraktion steuerte brav nach Hersberg. Rainer und Anhang hielten Richtung Liestal, riefen mich aber bald auf dem Handy an und korrigierten hernach ihren Kurs; in Hersberg sammelten wir uns. Beatrice und Katharina verirrten sich und riefen auch an; sie sagten, sie stünden hoch über einem Tal und sähen in der Ebene ein Ikea-Center. Ich hatte keine Ahnung, wo sie waren, und konnte ihnen nur raten: Helft euch selbst!

Was die beiden mit Bravour taten. Am Bahnhof Liestal kam es daher nach chaotischen Wanderszenen zur freudigen Wiedervereinigung aller.

Höhendifferenz: 300 Meter auf-, 200 abwärts.
Einkehr: Restaurant «Sissacherfluh», am Montag geschlossen. Ganzjahresbetrieb. www.sissacherfluh.ch.
Anreise: Gelterkinden liegt an der Bahnstrecke von Olten nach Liestal.

20 Jakob, nicht Thomas

Vom Raten auf den Gottschalkenberg und hinab nach Hütten in 2½ Stunden
Karte auf der Seite 102

Der Ägerisee und Umgebung: die Highlands des Kantons Zug. 300 Meter hat uns der Bus Nr. 1 vom Bahnhof Zug emporgetragen. Nun, in Oberägeri, wechseln wir auf den nächsten Bus, die 10, und lassen uns noch einmal 300 Meter höher befördern auf den Raten; so heisst der Pass von Oberägeri nach Biberbrugg. Sein Scheitelpunkt auf 1077 Metern ist mit einer Aussicht gesegnet, und also kehren wir ein und geniessen von der Restaurantterrasse aus in aller Ruhe die Schönheit der Alpen. Immer wieder ein Schauspiel: die Verschiedenheit der Rigi und des Pilatus. Die eine ist mit ihren parallelen Horizontal-Felsbändern ganz Symmetrie. Ein Bergbräveli. Der andere ist ein Strubbel von Zacken. Eine Felsturbulenz. Ein Gipfelchaot.

Nach der Kontemplation laufen wir zum Gottschalkenberg hinauf. Respektive: hinüber, denn die Steigung hält sich in Grenzen; notabene kann man den Weg mit einem Kinderwagen sehr gut machen. Und er ist auch kurz genug, dass Kinder ihn klaglos zurücklegen, umso mehr wenn man sie mit dem Hinweis motiviert, dass oben bei der Wirtschaft ein Spielplatz und ein Kleintiergehege warten; das dürfte eine allenfalls schwelende Wanderrebellion zuverlässig ersticken. Des Weitern ist zu unserem äusserst lauschigen Ausflugsziel nur noch zu sagen, dass es mit Thomas Gottschalk gar nichts zu tun hat. Sondern es geht sein Name zurück auf einen Jakob Gottschalk, der laut Grundbucheintrag des Klosters Einsiedeln von 1528 «uf em Bergli» einen Hof bewirtschaftete.

Nach der Rast à discrétion kehren die Familien zurück zum Raten. Kinderlose hingegen gehen hinüber zur nahen

Krete im Norden, die topografisch die Zentralschweiz von der Zürichseeregion scheidet. Nun steigt man eine Stunde lang durch brüsk steilen Wald ab, und ist man aus dem Wald draussen, so geht es nach einem Zwischenplateau gleich wieder abwärts, hinunter zur Sihl. Schliesslich endet die Wanderung in Hütten. Drehen wir uns zum Abschied noch einmal um, erstarren wir zwar nicht nach alttestamentarischer Art zur Salzsäule, sind aber doch sehr gepackt von dem imposanten Steilhang, den wir gemeistert haben.

Höhendifferenz: 150 Meter auf-, 450 abwärts.
Heimreise: Von Hütten mit dem Bus zum Bahnhof Wädenswil.
Einkehr: «Raten», täglich geöffnet; «Gottschalkenberg», Montag geschlossen.

Mein Fähnlein

21
Von Balsthal via Ramiswil auf die Wasserfallen in 5½ Stunden
Karte auf der Seite 103

Meine ganz private Wandergruppe geht in ihre zweite Saison. Alle 14 Tage am Samstag, von April bis November, macht sich das «Fähnlein Fieselschweif», wie wir nach der Pfadfindertruppe der drei Donald-Duck-Neffen heissen, auf die Socken. Allen, die gern mitkämen, sage ich: Leute, gründet selber so einen Klub! Es ist ein Vergnügen, sich mit Freunden ins Gelände zu begeben.

Von Balsthal auf die Wasserfallen: ein erster Höhepunkt des diesjährigen «Fähnlein»-Programms. Da die Route nicht nur schön, sondern auch lang ist, präsentiere ich sie zwecks Übersichtlichkeit in vier Etappen.

Erstens: Bahnhof Balsthal – Bremgarten. Der Weg ist gut beschildert. Kontinuierlich geht es aufwärts, meist im Wald. «Bremgarten», stellt sich heraus, ist nicht nur eine Mulde auf der Krete, sondern auch ein Bauernhof mit Wirtschaft und einem Freigehege, in dem Zahmwild gemütvoll äst. Als wir einkehrten, übten weiter oben am Hang Gleitschirmler gerade das Starten.

Zweitens: Bremgarten – Ramiswil. Einen Teil der Höhe geben wir wieder preis; wir müssen hinab ins idyllische Guldental. Im Wald führt der Pfad einer Kante entlang; ausrutschen sollte man nicht, sonst stürzt man 5 Meter tief. In Ramiswil, an der Passwangstrasse, ist Halbzeit.

Drittens: Ramiswil – «Alpenblick». Die Wirtschaft hoch oben am Passwang, ein Megachalet, haben wir schon im Abstieg nach Ramiswil gesehen. Von Ramiswil keuchen wir nun wieder bergauf, kommen dabei an einer hübsch angelegten Lourdesgrotte vorbei und sind zum Stossgebet versucht: Hilf, Muttergottes, gib Kondition für den Tag!

Viertens: «Alpenblick» – Wasserfallen. Eine Treppe führt vom «Alpenblick» noch einmal 100 Meter aufwärts. Dann halten wir via Naturfreundehaus Passwang zur Wasserfallen hinüber. Das letzte Stück ist das schönste des Tages: ein Höhenweg in Jurakalk entlang dem Oberrand eines Kessels. Bei der Wasserfallenbahn-Bergstation müssen wir entscheiden, ob wir per Gondel oder Miet-Trottinett nach Reigoldswil hinabfahren.

Wir wählten das Trottinett, denn beim «Fähnlein» handelt es sich um eine Spassgesellschaft.

Höhendifferenz: 950 Meter auf-, 400 abwärts.
Gekürzte Route: Bus nach Balsthal ab Ramiswil oder «Alpenblick».
Ruhetage: Bergwirtschaft Bremgarten, Montag und Dienstag; «Alpenblick», Montag und Dienstag, bisweilen auch Mittwoch.
Heimreise: Bus Reigoldswil – Liestal SBB.

22 Freude mit Freud

Von Sisikon nach Brunnen in 2½ Stunden
Karte auf der Seite 104

Das Problem mit dem «Weg der Schweiz» ist, dass die Gegend um den Urnersee mit patriotischem Pathos kontaminiert ist. Meiner Generation, den Leuten also, die heute nicht mehr jung sind, aber auch noch nicht alt, wurden (Stichwort «Wilhelm Tell für die Schule» von Max Frisch) in ihren Bildungsjahren die Nationalmythen gründlich ausgetrieben und die Urschweiz gleich mit dazu. Höre ich «Hohle Gasse» oder «Rütli», halluziniere ich bloss Aktivdienstler, die von ihrer Schulreise im «Zweiedrissgi» oder so erzählen.

Nun gilt aber für diese Kolumne Freuds Motto «Wo Es war, soll Ich werden»; programmatisch will ich mich mit meinen verdrängten Orten konfrontieren. Und also wandte ich mich kürzlich tapfer besagtem «Weg der Schweiz» zu, der 1991 eingerichtet wurde und in einer 36-Kilometer-Schleife den Urnersee umfasst. Das Teilstück Sisikon –

Morschach gilt laut dem Rother-Wanderführer «Vierwaldstättersee» als schönster Abschnitt der ganzen Tour. Es sei meine Route!

Tatsächlich bin ich bereits in Sisikon begeistert. Vom Föhn stimuliert, hat sich in der kleinen Bucht mit ihren Seeterrassenrestaurants und dem geborgenen Bootshafen mediterranes Feeling dauerhaft eingenistet; ich empfehle jedem, hier Zeit zu verbringen. Ich tue es auch – und muss dann los. Vorbei am Schützenhaus steige ich in die Höhe. Und je mehr ich steige, desto schöner wird der Blick in die Tiefe, wo mein Startort auf Puppenstubenformat zusammengeschrumpft ist; auf der anderen Seeseite leuchtet im Panoramadorf Seelisberg die weisse Fassade des alten Grand-Hotels, in dem Maharishi-Mahesh-Anhänger ein Ayurveda-Zentrum betreiben. Hoch über dem tiefblauen Fjord treffen mich die Glücksflashs in hoher Frequenz, und auch eine steinschlagbedingte Umleitung (via Läntigen statt via Binzenegg) beeinträchtigt das Seelenjubilieren nicht.

In dem leicht überdimensioniert angelegten Tourismusort Morschach raste ich. Dann – Supplement – laufe ich durch den Ingenbohler Wald hinunter nach Brunnen. Am Wasser ziehe ich mein Fazit: eine Leichtwanderung für alle. Und für mich privat eine stolze Rückeroberung.

Reise: Sisikon und Brunnen liegen an der SBB-Gotthardlinie.
Höhendifferenz: Je zirka 400 Meter auf- und abwärts.
Eventvariante: Wanderung nur bis Morschach. Von Morschach mit der Luftseilbahn nach Stoos und mit der Luftseilbahn auf den Fronalpstock (1921 Meter). Später von Stoos mit der Standseilbahn ins Muotatal und mit dem Bus nach Schwyz SBB.

Schmuckstück im Wald

23

Von Monte Carasso nach San Bernardo und Mornera in 3½ Stunden

Karte auf der Seite 105

Südlich von Bellinzona habe ich mir eben ein neues Stück Schweiz einverleibt. Man sieht da, wenn man mit dem Zug von Norden her kommt, rechterhand einen Steilwald und darüber Berge. Durch den Wald zieht sich die Schneise einer Seilbahn; diese Bahn nutzte ich am Ende zur Talfahrt, nachdem ich zuvor die gut 1000 Höhenmeter nach Mornera, einem Alp-Paradies mit vielen Rustici, wandernd aufgestiegen war.

Gestartet war ich in Monte Carasso, der mit Bellinzona über den Ticino hinweg praktisch zusammengewachsenen Gemeinde. Es war ein schwieriger Auftakt. Der Wanderwegweiser vor der Talstation der Mornerabahn und die Anschluss-Signalisation leiteten mich subtil irre. Die Probleme mit der Beschilderung im Detail zu schildern, würde leider den Rahmen dieser Kolumne sprengen; belassen wir es bei einer klärenden Bemerkung: Ein Strässlein windet sich von Monte Carasso aus bis vor unser Zwischenziel San Bernardo; es ist das einzige an dem uns interessierenden Teil des Hanges. Kommt man vom Fusspfad ab, so läuft man halt auf dem Strässlein weiter und wird recht bald eine neue Chance kriegen, den Wanderweg wieder zu erwischen.

Endlich San Bernardo: eine Preziose im Wald, eine Kirche aus Stein und Holz, die in Teilen aus dem 11. Jahrhundert stammt. Wunderschön der Innenraum, Wandmalereien zeigen Szenen aus dem Leben des heiligen Bernhard. Ein Ort ist das, so ehrwürdig, dass ich, wieder draussen, kaum mein Sandwich zu essen wagte.

Im zweiten Teil der Wanderung dann, während ich über Pientina nach Mornera hinauf strebte, hatte ich erneut Mühe, mich zu orientieren. Ein echter Tessiner Hang eben: Die Kastanienselve wurde jahrhundertelang von Bauern genutzt und belebt. Deren Häuser sind zerfallen, doch die Schleichwege, über die sie einander und die Dörfer im Tal erreichten, sind weitgehend erhalten; wie sich dies historische Netz über dasjenige der offiziellen Wanderwege legt, das irritiert.

Und doch ging letztlich alles gut. Oben in Mornera war ich stolz, eine neue Route exploriert zu haben. Ich genoss die Wirtschaft bei der Bahn-Bergstation. Und ich staunte dann bei der Talfahrt über die ungeheure Fläche an Wald, die ich zu Fuss durchmessen hatte.

Anreise: Ab Bellinzona SBB Bus Richtung Locarno bis Monte Carasso/Orenno. Dieselbe Linie für retour.
Höhendifferenz: 1050 Meter aufwärts.
Mornera: Seilbahn-Grotto immer offen, wenn die Seilbahn fährt. Fahrplan, Preise usw. auf www.mornera.ch.

Heiss, heiss, heiss

24

Von Niederurnen Morgenholz aufs Hirzli und hinab nach Bilten in 4 Stunden

Karte auf der Seite 105

Tausend Mal ist nichts passiert. Tausend Mal fuhr ich im Zug von Zürich nach Chur, registrierte kurz vor Ziegelbrücke den felsigen Gupf zur Rechten, vergass ihn aber sofort wieder; es gibt in der Gegend halt höhere und berühmtere Wanderziele, die einen in ihren Bann schlagen. Das Hirzli, 1641 Meter über Meer, ist nur der niedrigste Hauptgipfel des Glarnerlandes.

Es ist aber auch dessen vorderster Berg gegen Norden. Die vorgeschobene Bastion. Keine andere Glarner Erhebung strecke, schildert mein Wanderführer schön bildlich, «sein Haupt so weit dem Mittelland zu». Das Hirzli, dieser in die Linthebene gebaute Balkon, offeriert einen Tiefblick sondergleichen auf Zürcherland und Walensee.

Eines heissen Tages ziehe ich aus, mir das verheissene Mordspanorama zu erschwitzen. Fürs erste Wegstück nehme ich am westlichen Ortsrand von Niederurnen das Seilbähnchen zum Morgenholz hinauf. Ab hier, knapp 1000 Meter über Meer, geht es steil in den Hang, bis der Pfad sich allmählich mässigt. Endlich bin ich oben. Und tatsächlich: eine wunderbare Rundsicht. Die Augen wissen gar nicht, in welche Richtung sie zuerst geniessen sollen.

Der Abstieg danach hat es in sich: 1200 Meter abwärts in einem Steilwald, dessen wilder Bach Angst und Schrecken verbreitete, bis ihn Verbauungen zähmten. Eine Strapaze. Dem Schattendach zum Trotz bin ich durstig wie selten zuvor, als ich Bilten erreiche (dem Bachwasser traute ich nicht, und mein eigenes Wasser war schon auf dem Gipfel alle). Weil nun aber der per Handy abgerufene SBB-Fahrplan angibt, dass in 25 Minuten ein Zug nach Zürich fährt, ziehe ich im Stechschritt an zwei offenen Beizen vorbei Richtung Bahnhof am Nordrand des Ortes. Ich kann mir ja dort am Kiosk etwas kaufen. Hauptsache, ich bin früh wieder zu Hause, am Abend habe ich nämlich noch etwas los.

Ein Fehlentscheid. Am Bahnhof Bilten gibt es nur einen Getränkeautomaten. Und ich habe kein Münz. Bin doch aber brutal dehydriert. Bleibt mir nur, obwohl ich ein Generalabonnement besitze, am Billettautomaten ein

Billett zu kaufen. Das billigste natürlich, das zur Nachbarstation. Ich schmeisse es in den Kübel. Und kaufe mir mit dem Retourgeld ein eiskaltes Sprite. Endlich! Die Erlösung! Zisch!

Jetzt kann ich mich erst richtig freuen. Es ist passiert, das Hirzli ist bezwungen. Ich werde es garantiert nie wieder übersehen.

Reise: Niederurnen liegt an der Bahnlinie Ziegelbrücke – Glarus, Bilten an der Bahnlinie Ziegelbrücke – Zürich.
Einkehr: Empfehlenswert ist im Niederurnertäli das Bergrestaurant «Hirzli», das den Umweg lohnt. 20 Minuten ab Seilbahnstation Morgenholz Richtung Mettmen. Donnerstag geschlossen.

25 Sieben Weltwunder

Von San Nazzaro auf die Alpe Cedullo und nach Indemini in 5 Stunden

Karte auf der Seite 106

Unter meinen Hunderten Wanderungen der letzten Jahre ist die von San Nazzaro nach Indemini eine der allerschönsten. Der Höhepunkte sind viele:

1. Das Dorf am See. San Nazzaro vis-à-vis Ascona wahrt sein Cachet, was viele Touristen anzieht. Herrlich all die Palmen. Am Mini-Lido bei der Schifflände, 5 Minuten vom Bahnhof entfernt, können wir, bevor wir uns dem Steilhang überantworten, im Lago Maggiore Frische auf Vorrat tanken. Der Laden rechterhand, an dem wir vorbeikommen, bietet lokale Spezialitäten von Käse bis Gebäck.

2. Das Hotel. Durch den alten Dorfkern erreichen wir auf Treppenwegen Vairano und tauchen in den üppigen Wald. Vor den Monti di Vairano leisten wir uns einen kleinen Umweg: In einer Lichtung lädt die Terrasse des strassenlos für sich gelegenen Hotels Sass da Grüm zur Rast. Man kocht bio. Und sehr gut.

3. Der Weg. Endlos geht es jetzt auf einem Saumpfad aufwärts. Wir sind allein mit den Buchen, Kastanienbäumen, dem edlen Gneis, bewundern ab und zu ein apartes Rustico. Tief unten, immer tiefer unten glitzert der See.

4. Die Alp. Auf der Alpe Cedullo grasen Pro-Specie-Rara-Kühe. Fabiano, Maurizio, Silvia machen tollen Käse; während ich in ihrem Freiluft-Wirtschäftlein davon ass, verschickte ich ein Schwärm-SMS nach Zürich: *I am having*

the Käseteller of my lifetime! Auch übernachten kann man, wobei Kinder garantiert das «Tipi» wählen werden.

5. Die Kapelle. Auf dem Sant'Anna-Pass steht ein Gotteshaus: Spiritualität, die Körper wird in Stein und Holz. Die Seitentür führt in ein zweistöckiges Séparée mit Esstisch, Kamin, Schlafplatz. Diese kraftvolle Kirche ist auch Wandererzuflucht. Ein Rifugio.

6. Das Bergnest. Eine Stunde abwärts, und wir sind in Indemini, dem einzigen Schweizer Ort in dem Italien zugewandten Veddascatal. Alles so eng, gedrückt, geborgen hier: ein mediterraner Ballenberg, der uns die karge Lebensweise der alten Tessiner vor Augen führt.

Nun klettern wir – der Beginn der langen Heimreise – in den Bus. Er steigt empor zur Alpe di Neggia. Und nimmt dann, über die 1200 Höhenmeter hinab nach San Nazzaro, 30 grosse und 140 kleine Kurven. Diese Strasse ist das siebte Weltwunder an einem Wandertag.

Höhendifferenz: 1100 Meter auf-, 400 abwärts. **Bus retour:** Wenige Kurse, Fahrplan studieren!
Einkehr: «Sass da Grüm», www.sassdagruem.ch, und «Alpe Cedullo», 091 794 13 83, 079 476 23 75, in der Saison immer offen. Auch in Indemini kann man einkehren.

Plädoyer fürs Wallis (I)

26
Von Vernayaz zur Trientschlucht und hinauf nach Salvan in 3 Stunden
Karte auf der Seite 107

Das waren noch unverbogene, vom Korrektheitswahn unangekränkelte Zeiten, als ein hoher Wasserfall mit markant sich krümmendem Strahl «Pissevache» getauft wurde. Und als der Guide in der Trientschlucht zwecks Demonstration des Echos eine Pistole zog und in die Luft schoss; dieser Brauch ist fürs 19. Jahrhundert verbürgt. Heute würde man die Teilnehmer einer solchen Führung zum Psychiater schicken, der gleich eine posttraumatische Belastungsstörung zu therapieren begänne.

Von Lausanne im Zug anreisend, erblickt man «La Pissevache», ein Wahrzeichen des Unterwallis, gut 6 Kilometer vor Martigny zur Rechten. Anders als Goethe, Rousseau und die Madame de Staël habe ich den Fall nicht besucht; dafür widmete ich mich der Trientschlucht bei Vernayaz, an der man anschliessend vorbeibolzt, einem 200 Meter tiefen Schlitz, den die scharfen Gesteinsfragmente des Trientbaches in den Fels gefräst haben. Man begeht den Grund, der 1860 touristentauglich gemacht wurde, über hängende Holzstege und freut sich über das Info-Beiwerk, das auch Kinder anspricht: Man kann etwa ein Stück versteinerten Sandes betasten, der die letzten über ihn hinweggeglittenen Wellen konserviert. Oder man legt die Hand auf den nachgebildeten, 230 Millionen Jahre alten Zehenabdruck eines Paratrisauropus, der in der Region gefunden wurde (sozusagen einer der ersten Walliser).

Wieder am Licht, nahm ich mir – ich verspürte Wanderdrang – die historische «Route des Diligences» 800 Meter nordwestlich vor, die ins Trienttal führt. Wieder ein Erlebnis: Kehre um Kehre windet sich die alte Postkutschenstrasse vom Gelände der Usine de Vernayaz aus den Hang hinauf, bis endlich auf einer Geländeterrasse das Dörfchen Salvan in Sicht kommt. Dort, so erzählt es eine Tafel, nahm 1895 der Telekommunikationspionier Guglielmo Marconi Wohnsitz und forschte.

Meine Expedition war in Salvan zu Ende. Ich setzte mich vor das Restaurant L'Union, ass Roastbeef mit Pommes frites und formulierte als Tagesfazit: Man muss öfter ins Wallis reisen.

Höhendifferenz: 300 Meter aufwärts.
Hin und zurück: Vernayaz und Salvan liegen an der Bahnlinie Martigny – Le Châtelard.
Achtung: Einige neue Reiseführer empfehlen auch die Triège-Schlucht bei Le Trétien zur Besichtigung. Sie ist aber wegen Steinschlags bis zirka 2009 geschlossen.

27 Plädoyer fürs Wallis (II)

Von Miex zum Lac de Tanay und retour in 3 Stunden
Karte auf der Seite 107

Mit dem Fazit «Man muss öfter ins Wallis reisen» habe ich den Bericht über die Trientschlucht beendet. Acht Tage später fuhr ich tatsächlich ein zweites Mal ins Wallis und hatte wieder Spass. Diesmal in der Region Chablais südlich des Genfersees, die ein blaues Auge hat: Ich meine den Bergsee von Tanay auf 1400 Metern.

In Vouvry stieg ich in einen Kleinbus. Marie-Claire Vuadens hiess laut Schild die Frau, die diesen aus der Rhoneebene hinauf nach Miex chauffierte, einer Streusiedlung hoch oben am Hang. Frau Vuadens steuerte kaltblütig an Kanten vorbei, die Indiana Jones in den Angstschweiss treiben würden, und wies dabei immer wieder streng und doch lieb das eine oder andere der zwei Dutzend Schulkinder zurecht, die sie nach Hause führte; sie kannte sie alle mit Namen. In Miex Le Flon war Endstation; ich stieg aus, ging auf einem steilen Natursträsschen los, erreichte nach 50 Minuten den Col de Tanay und erblickte kurz darauf den lieblich in ein Rund von Bergzacken gebetteten See. Keine Lust hatte ich, jetzt den Grammont (2172 Meter) zu besteigen, von dem aus man den Genfersee sähe. Dies hätte, hin und retour gerechnet, die Wanderung um 4 Stunden verlängert. Auch ein Wanderkolumnist hat ein Recht auf etwas Faulheit.

Stattdessen stürzte ich mich ins erstbeste Restaurant. «La Petite Auberge» war urgemütlich und recht voll, und der Wirt sah aus wie weiland Gilbert Bécaud. An meinem Tisch war viel Stimmung, ich Exot wurde auch gleich in die aus dem Trinken von Fendant bestehende Ritualität des aus Wanderern und Ferienhäuschenbesitzern sich konstituierenden Sitzkollektivs integriert. Oben am Tanay bleibt keiner allein.

Nachmittags stieg ich, nachdem ich um den See gebummelt war, wieder ab. Der Abwechslung halber wählte ich die längere Variante über Prélagine nach Miex Vésenand und wurde belohnt: An einer Stelle sieht man unverhofft – der Grammont ist also nicht zwingend – ein Stück Genfersee. Dankbarkeit empfinde ich im Nachhinein auch darüber, dass ich trotz des Fendants unfallfrei nach Hause gekommen bin.

Anreise: Vom Bahnhof Aigle Bus über Vionnaz nach Vouvry. Weiter mit dem Kleinbus, wenige Kurse!
Höhendifferenz: 500 Meter auf-, 600 abwärts.
Einkehr: Mehrere Gasthöfe am See. In ihnen kann man zum Teil auch übernachten. Chablais Tourisme, 0848 765 345, hilft.
Einkehr in Miex Vésenand: «Cornettes de Bise». Schöne Terrasse.
Rechtschreibung: «Tanay» oder «Taney»? Ungelöstes Problem, selbst die Einheimischen sind sich nicht einig.

28 Süsse Katholiken

Von Schüpfheim auf die Farneren und hinab nach Flühli in 6 Stunden
Karte auf der Seite 108

Fürstein, Schimbrig und Schrattenfluh stellen zur Rechten und Linken der Waldemme berühmte Wanderziele dar. Glücksmöglichkeiten in Bergform. Weniger bekannt ist in derselben Gegend die aparte Farneren, die ebenfalls Gehvergnügen garantiert. Voralpin grünbegrast und sanftgerundet präsentiert sich anlässlich ihrer Besteigung vorerst die Landschaft des Entlebuchs. Als Antithese zu dieser Lieblichkeit kommt im zweiten Teil der Tour aber allmählich die schroffe Kette der fünf Kalkfluhen von Torflue bis Schwändiliflue näher, unter welch Letzterer man endlich das stolze Dorf Flühli erreicht. Flühli, Kanton Luzern, wohlgemerkt; nicht Flüeli-Ranft, Kanton Obwalden.

Startpunkt der Unternehmung ist der Bahnhof Schüpfheim. Vom Ort aus hat man die Farneren vor Augen. Die Direttissima über Stolen ist freilich ruppig; ich empfehle daher, auch wenn es einen Umweg bedeutet, vorerst hinauf nach Heiligkreuz zu halten. Dieses Teilstück ist ein Pilgerweg und endet bei der Wallfahrtskirche, die inmitten eines kleinen Häuserensembles auf einem Geländeplateau steht; die abgehärmten Nonnen, die man hier in gedrosseltem Tempo nordicwalken sieht, sind im nahen Schwestern-Erholungsheim untergebracht. Auch einkehren kann man in dem Weiler; man bekommt im Kurhaus Heiligkreuz einen Nussgipfel serviert, der durch Frische der Kruste und Feinheit der Textur wieder einmal meine direkt an Max Webers konfessionssoziologische Betrachtungen anknüpfende These bestätigt: Katholiken backen die besseren Süsswaren als Protestanten.

Von Heiligkreuz steigen wir auf den nahen Grat und setzen diesem entlang fort zum Berghaus First, einem grauslichen Irgendwie-Sechziger-oder-Siebzigerjahre-Stil-Verschnitt. Aber die «First»-Terrasse ist reizvoll; man sieht nun wunderbar nah den Schimbrig und blickt in die hübschen Täler der Kleinen und der Grossen Entlen. Ist man eine Stunde später am Ziel Farneren angelangt, setzt man sich auf diesem Flysch-Gupf, 1572 Meter über Meer, vor dem riesigen Kreuz in die Wiese. Erkundet das Panorama. Und ruht, bis einen das grosse Unbekannte in Form des noch vor einem liegenden Wanderweges wieder von dannen lockt und via Finishütte, Baumgarten und Salzbüel hinab nach Flühli führt.

Höhendifferenz: 850 Meter auf-, 700 abwärts.
Ruhetage: «Heiligkreuz», Montag; «First», Donnerstag.
Heimreise: Mit dem Bus retour nach Schüpfheim.
Zweitäger: Übernachtung in Flühli. Dann in 6 Stunden über die Hagleren (1948 Meter) nach Sörenberg. Mit dem Bus retour nach Schüpfheim.

Berg und Berglein

29
Von Ennetbühl Bernhalde auf den Stockberg und hinab nach Nesslau in 5½ Stunden
Karte auf der Seite 109

Samstag in der Früh trank ich Kaffee. Das Radio sagte Gewitter in der Ostschweiz voraus, die bereits gegen Mittag ausbrechen könnten; anderseits sprach der DRS3-Wettermann auch von teilweiser Sonnigkeit und von generell unübersichtlichen Druckverhältnissen, die eine genaue Vorhersage verunmöglichten. Verwirrlich. Im Folgenden fuhr unser Grüpplein, bestehend aus Ruth, Hürzi, Emil-dem-Hund und mir, zwar Richtung Toggenburg los. Doch rechneten wir damit, dass wir das Wanderunternehmen vorzeitig würden abbrechen und umkehren müssen.

Tagesziel war der Stockberg. Stolz füllt er, 1781 Meter hoch, den Winkel zwischen der Thur und der Luteren, die in Nesslau-Krummenau zusammenströmen, was die zwei Wellenbalken im Gemeindewappen anzeigen; er ist ein ungemein schöner Berg durch das Stilmerkmal einer geraden Oberkante, zu der mehrere Felsbänder parallel laufen. Wir attackierten diese Bastion der Geometrie von der Bernhalde an der Schwägalpstrasse aus und beobachteten in unseren ersten Gehminuten mit Grausen, wie sich linkerhand über dem Säntis fürchterlich finstere Wolken ballten. Doch während es zur Rechten ebenfalls immer dunkler wurde und erste Blitze zuckten, blieben wir wundersam verschont, blau war der Himmel über uns. Nun wanderten wir durch idyllisches, recht feuchtes Gelände in die Höhe und erreichten über eine schmucke Alp den Risipass. Und weil der Stockberg bereits so verlockend in die Nähe gerückt war, riskierten wir trotz lauter werdendem Donnergrollen den Schlussaufstieg.

Die Mühsal der engen Spitzkehren unseres Pfades zahlte sich aus: Als wir endlich oben waren, erwartete uns ein Prachtspanorama. Wir sassen, assen, gafften. Erst in der Hälfte des Abstiegs begann es dann zu tröpfeln. Aber schlimm kam es nicht. Später, unten in Nesslau, erfuhren wir, in Wil habe es geregnet wie noch nie heuer, und im Appenzellischen hätten Unwetter gewütet. Zwischen den Sturmfronten waren wir unterwegs gewesen, beschützt vom Wandergott. Zur Feier des Tages leisteten wir uns eine Erfrischung im Café Hinder. Ich nahm einen Coupe Pêche Melba. Er war riesig: nach dem grossen nun noch ein kleiner Berg.

Höhendifferenz: 800 Meter auf-, 1000 abwärts.
Anreise: Zug von Wil oder Wattwil nach Nesslau/Neu St. Johann, dann Bus Richtung Schwägalp bis Ennetbühl Bernhalde.

30 Hochs und Tiefs

Von Trubschachen nach Schangnau in 5 Stunden
Karte auf der Seite 110

Man muss, um die Geografie des Emmentals fassen zu können, zwei Begriffe kennen: «Egg» und «Graben». Eggen heissen die Höhenzüge, Gräben die langen Täler dazwischen, und beider Kombination ergibt eine eigene Landschaft, die abwechselnd lieblich und böse wirkt. Unheimlich, von einer Egg aus in einen Graben zu schauen, der so schummrig und tief ist, dass man den Grund nicht ausmachen kann; ob da unten im Weglosen je ein Mensch war, fragt man sich dann.

Auf der Route Trubschachen – Schangnau ist Gelegenheit, das Emmental mit seinen Hochs und Tiefs zu erleben. Nachdem vom Bahnhof Trubschachen aus die Ilfis überquert ist, schlägt ein Wegweiser zwei Varianten zum selben Ziel vor. Wir nehmen die rechte; sofort geht es aufwärts, und schon erblicken wir einen Graben, den Chrümpelgraben. Hat es eben geregnet, steigen Nebelchen aus seinen Wiesen, als seien wir in Hogwarts.

Die erste Wanderetappe führt in knapp zwei Stunden hinauf nach Vorder-Rämisgummen. Dort, wo Wege und ein Strässchen zusammenkommen, weichen wir von der Südrichtung ab und drehen nach Osten. Bei der Geisshaldenalp, «Geisshollen» auf der Karte, wartet, hart an der

Grenze zu Luzern gelegen, das Bergrestaurant Erika, dessen warmer Bauernschinken mit Kartoffelsalat den Zehn-Minuten-Abstecher auf jeden Fall lohnt.

Nach dem Essen setzen wir die Eggen-Gräben-Tour fort. In immer neuen Geländefalten und Waldwinkeln zeigen sich immer neue Bauernhöfe, deren Dächer fast den Boden touchieren; sie scheinen sich so gegen die drohende Natur wappnen zu wollen. Höchster Punkt der Wanderung ist schliesslich aussichtsreich, 1415 Meter hoch, der Wachthubel oberhalb Schangnau.

Noch einmal zum Restaurant Erika. Von diesem aus offenbart sich unter dem sanftgrünen Rämisgummenkamm eine hohe Felswand. Vom Kamm selber, über den der Weg führt, ist ebendiese Wand nicht zu erahnen. Der Wanderer gerät ins Sinnieren: Ob er öfter Abgründen entlangwandelt, von denen er nichts weiss? Typisch Emmental: Alles andere als harmlos, löst es existenzielle Gefühle aus.

Höhendifferenz: 700 Meter auf-, 500 abwärts.
Einkehr: Bergrestaurant «Erika», Geisshaldenalp. Ruhetag Mittwoch. Zimmer und Lager. www.erika.too.ch.
Heimreise: Mit dem Bus von Schangnau nach Escholzmatt Bahnhof.

Ich bin auch ein Steinbock

31
Von Gurtnellen via Fellilücke nach Nätschen in 8 Stunden
Karte auf der Seite 112

Das Maderanertal sei das schönste Tal im Urnerland, heisst es oft. Ich finde das Fellital noch schöner, das sich von Gurtnellen aus zum Oberalppass zieht; ja ich sehe dieses unter Naturschutz stehende Fellital als sensationell an und meine, ein jeder sollte es bewandern.

Wir gehen dabei auf den Spuren des Johann Josef Tresch-Indergand, einer legendären Gestalt des 19. Jahrhunderts. Der verarmte Bauer, Bergführer, Jäger und Strahler bewohnte im Fellital ein elendes Gehütt; einige wenige Geissen nur leisteten ihm Gesellschaft. Seine einsamen Stunden vertrieb er sich damit, eine alte Drehorgel zu spielen und von der Jungfrau Maria zu singen. Unzählige Gipfel hat der Felli-Tresch, wie er genannt wurde, als Erster erstiegen; seine irgendwann durch eine einstürzende Kristallhöhle zerquetschte Hand hielt ihn davon ebensowenig ab wie die Primitivität seiner aus Holz gezimmerten, klotzigen Behelfsschuhe. Eines Tages im Jahr 1902 verschwand der Mann im Nebel, nachdem er den Hilferufen eines Fremden nachgegangen war. Erst 19 Jahre später fand man die Überreste des Verunfallten samt dessen Turnerabzeichen und Taschenmesser. Der Felli-Tresch ruht auf dem Friedhof in Amsteg. Sein Name lebt weiter in der Treschhütte, die steht, wo er hauste.

Anderthalb Kilometer unterhalb der Station Gurtnellen steigen wir ins Fellital ein. In Kehren windet sich der Weg auf den Felliberg, dann verläuft er dem tosenden Bach entlang, bis die Treschhütte auftaucht. Nach der Rast halten wir über weitere Geländeterrassen zum Murmetsbüel. Geradeaus ist die Fellilücke erahnbar, der höchste Punkt unserer Route auf 2478 Metern. Und alles ist wundersam wild, und Berge zacken links und rechts, dass einen heilig schaudert. Grossartig auch, was folgt: Wir hüpfen von Steinblock zu Steinblock die Halde empor, die von ebendiesen Blöcken verschüttet ist, so dass es einen normalen Pfad nicht geben kann. Gefährlich ist das nicht, aber streng und witzig. Oben in der Lücke die Überraschung: Zu unseren Füssen liegt der Oberalppass. Via Luterseeli visieren wir nun die Bahnstation Nätschen ob Andermatt an. Wir vermissen dabei die Blöcke, über die wir eben sprangen. Sie gaben uns das Gefühl, Steinböcke zu sein.

Anreise: Mit dem Bus vom Bahnhof Erstfeld bis Haltestelle Fellital. Höhendifferenz: 1750 Meter auf-, 600 abwärts. Heimreise: Mit der Matterhorn-Gotthard-Bahn von Nätschen nach Andermatt. «Treschhütte»: www.treschhuette.ch. «Fellitaxi»: Die Fahrt auf den Felliberg verkürzt die Gehzeit um eine Stunde. 041 885 19 09. Genuss: Am Vorabend im «Gotthard» zu Gurtnellen absteigen! Die Küche der Schwestern Sicher sucht ihresgleichen. www.gotthardhotel.ch.

32 Monster im Rücken

Von Innerthal auf den Zindlenspitz und retour in 7½ Stunden
Karte auf der Seite 111

No way! Das ist eine *mission impossible!* So reagiert man, wenn man die Felsbastion Zindlenspitz in natura sieht oder auf den Fotos, die die «GOOGLE-Bildsuche» liefert. Dass ein Wanderweg hinaufführen soll, es klingt absurd.

Ist aber wahr. Der Zindlenspitz, 2097 Meter hoch, Teil eines über einige Kilometer die Kantone Schwyz und Glarus trennenden Grates, ist ein Prahler, Protzer, Poser. Von unten, vom Wägitalersee besehen, präsentiert er sich auf seiner Grasrampe als unzugänglich-fieser Zuckerhut. Nähert man sich ihm dann aber von der Seite her, merkt man, dass das reine Show ist – man kann den Berg durchaus erobern. Sogar auf zwei Wegen.

Wobei: Der eine Weg via Hohfläschen ist blau-weiss markiert, will Schwindelfreiheit und die Bereitschaft, kurz ein wenig (wirklich nur ein wenig) zu klettern. Wer dies nicht mag oder nicht kann, der muss, ich betone: muss sich fürs Hinauf und Hinab auf die Variante via Zindlen beschränken, einen rot-weiss signalisierten Normalbergweg.

Auf alle Fälle beginnt man bei der Post Innerthal und läuft dem See entlang, bis man nach 30 Minuten vom Teersträsschen erlöst wird: der Abzweiger hinauf zum Aberli. Dort gilt es sich zu entscheiden. Ich wählte Blau-Weiss, kam auf steilem Pfad zur Klubhütte Hohfläschen, stieg weiter bergan, erreichte endlich erwähnten Grat. Auf ihm ging es exponiert vorwärts zu einer Stelle, wo ich auf fünf Senkrechtmetern Hand an den Fels beziehungsweise die Sicherungskette legen musste. Alsbald war die Gefahr gebannt; es folgten beruhigend die Spitzkehren zum Gipfel. Dort erfreute ich mich am Panorama und liess mich gern von den Dohlen bedrängen.

Auf dem Abstieg über die einfachere Seite via Zindlen erlebte ich anschliessend die Verwandlung des Dr. Jekyll in Mr. Hyde: Je weiter ich mich entfernte, desto mehr wurde der pflegliche Berg in meinem Rücken wieder zum Monster. Unten auf dem Aberliboden wollte ich nicht mehr glauben, dass ich eben oben gewesen war.

Hin und zurück: Bus nach Innerthal Post vom Bahnhof Siebnen-Wangen an der Strecke Zürich – Ziegelbrücke.
Höhendifferenz: Auf- und abwärts je 1200 Meter.
Einkehr: Das Gasthaus «Stausee» in Innerthal hat eine sehr schöne Terrasse mit See- und Bergblick. Die Öffnungszeiten der Klubhütte Hohfläschen orientieren sich unter anderem am Wetter.
Alternative: Von der Bushaltestelle Vorderthal Schweig via Ruestel in gut 2 Stunden nach Innerthal. 300 Meter auf-, 200 abwärts.

33 Eis

Von Grindelwald über den Eigertrail zum Eigergletscher in 6½ Stunden
Karte auf der Seite 114

Im gutgelaunten Prospekt der Jungfraubahnen heisst es: «Auf der Kleinen Scheidegg reichen sich Alphirten, Eigernordwandbesteiger und Besucher aus aller Welt die Hände.» Ich würde, nachdem ich den Ort gesehen habe, eher formulieren: Es herrscht auf der Kleinen Scheidegg ein gottserdenerbärmlicher Rummel.

Und doch nähme ich die Massen, die die Gegend am Fusse des Eigers anzieht, jederzeit wieder in Kauf. Eben der Gegend wegen. Ausserdem begann meine Wanderung, die eigentlich zwei Wanderungen koppelt, in Stille. Vom Dorf Grindelwald lief ich frühmorgens hinüber zur Gletscherschlucht. Die eigentliche Schlucht – lang, schmal, kalt auch im Sommer; für die Begehung auf Stegen zahlt man Eintritt – war noch abgesperrt. Das Restaurant hinter mir lassend, betrat ich den steinigen Steilwald Richtung Bonera, sah ganz aus der Nähe einen kapitalen Hirsch und hatte nach strengem Aufstieg mein ganz privates Erlebnis mit dem Unteren Grindelwaldgletscher: Ich erreichte einen Punkt, wo man auf eigenartig glatt geschliffenen Felsbuckeln rasten kann und, in menschenlose Urzeiten zurückversetzt, dem grossen Eis entgegenstarrt; es war einer meiner schönsten Wandermomente überhaupt; er wird mir bleiben.

Kein Mensch begegnete mir auch in den nächsten zwei Stunden, während ich 600 Meter über Grindelwald auf einem schönen Panoramaweg Richtung Westen steuerte. Erst bei der Wegkreuzung oberhalb der Bahnstation Alpiglen änderte sich dies. Hier beginnt der «Eigertrail», der in seiner Mischung aus Gefahrlosigkeit und intimer Nähe zur berühmten Eigernordwand naturgemäss viel Volk lockt. Manche Leute spähten mit Ferngläsern in den Fels über ihren Köpfen; was sie sahen, darüber rätselte ich, während ich Geröllhalde um Geröllhalde querte und dabei Höhe gewann. Am Ziel auf 2320 Metern genoss ich dann noch einmal Eis vom Feinsten. Von der Terrasse des Restaurants Eigergletscher beschaute ich eine gute Stunde lang die im oberen Teil gleissend helle Eigergletscherfläche und war so etwas wie glücklich.

Bei der Talfahrt mit der Jungfraubahn, die ich vor dem Restaurant bestieg, war mir sogar die Kleine Scheidegg erträglich. Völkerverbindende *handshakes*, wie sie der Prospekt schildert, konnte ich aber nicht beobachten.

Höhendifferenz: Zirka 1400 Meter aufwärts.
Easy-Programm: Besichtigung der Gletscherschlucht Grindelwald. Gemütliche Gehzeit hin und zurück ab Dorf 75 Minuten, Besichtigung 1 Stunde.

Heidi ist weg

34

1. Tag: von Oberrickenbach nach Engelberg Ristis in 4 Stunden
2. Tag: von Engelberg über die Storegg nach Melchtal in 7 Stunden
Karte auf der Seite 116

Der Klosterort Engelberg hat viel zu bieten. Die perfekte Rösti etwa. Nirgends, wo ich verkehre, bereiten sie sie so vollendet wie in Engelberg im «Spannort». So knusperfein, so butterduftig, so… Man gehe hin und urteile selbst!

Und auch das zur Rösti gereichte Zürigeschnetzelte war grossartig, als ich kürzlich wieder einmal im «Spannort» tafelte. Das Mahl liess unser Dreiergrüpplein, Freund Pö, Frau Kägi und mich, vergessen, dass zuvor die Begehung des Benediktusweges ab Oberrickenbach unter dichtem Nebel gelitten hatte. Was traurig war. Denn man hat auf der Route, die ich bereits kannte und die via Eggeli zur Spissegg und weiter nach Ristis führt, von wo man mit der Seilbahn hinunter nach Engelberg gondelt, eine tolle Sicht. Zuerst gibt es die Gräfimattstand-Kette zu bewundern, hernach Majestät Titlis samt Entourage.

Die Rösti, wie gesagt, sanierte den Tag. Am nächsten Morgen allerdings, während wir der Storegg zustrebten, einem Übergang nach Melchtal, nebelte es wieder. Und nieselte es erst noch. Ärgerlich. Dafür durften wir uns auf der Alp Zingel zu einer Bauernfamilie, die auf der Miniterrasse vor dem Haus ein wenig wirtet, in die warme Stube gesellen; am einen Tisch sassen wir Urbanlinge in *outdoor wear*, am andern die Eltern und ihre Kinder, rustikal aus einer Pfanne Nudeln schöpfend, von Heiligenbildchen rundum bewacht. Bald stiess noch ein Alpbewohner dazu und liess sich nieder; er schimpfte, seine Herde zähle statt 30 nur noch 29 Kühe, die Heidi fehle, nirgendwo habe er sie gefunden.

Bedrückt zogen wir weiter. Aber dann kam die Sonne. Wir hellten auf. Und wir mochten sehr, was ins Licht trat: das Luterseeli, die von Kalkbrocken übersäte magische Senke nach der Hüethütte, endlich die Storegg, 1742 Meter, ein so scharfer Grat, dass man rittlings darauf hocken kann. Alles war nun gut. Und also verschmerzten wir später unten auf der Rütialp locker, dass die Seilbahn, die auf der Wanderkarte eingezeichnet ist, stillgelegt wurde, was den Abstieg nach Melchtal um 500 Höhenmeter verlängert. Alles kein Problem, Zufriedenheit waltete.

Einzig hätten wir gern gewusst, ob es Heidi gut geht.

1. Tag: Anreise: Mit der Bahn von Luzern bis Wolfenschiessen. Mit dem Bus weiter nach Oberrickenbach Alte Post.
Höhendifferenz: 900 Meter auf-, 200 abwärts.
2. Tag: Höhendifferenz: 900 Meter auf-, 900 abwärts.
Heimreise: Mit dem Bus von Melchtal Post nach Sarnen. Mit der Bahn nach Luzern.

35 Susis Weg

Von Malans Älpli auf den Vilan und retour in 4 Stunden

Karte auf der Seite 118

Eine Frau Susi Schildknecht schrieb mir vor Monaten, sie besorge die PR für die Malanser Älplibahn; diese, die dank ehrenamtlicher Arbeit funktioniere, feiere heuer, 2007, ihr 25-Jahr-Jubiläum, und ob ich nicht darüber berichten könnte. Gerne würde sie mir die Bahn zeigen und den Vilan dazu.

Guter Vorschlag. Die Älplibahn wurde mir schon von einem Freund ans Herz gelegt, und den im rechten Winkel zwischen Rheintal und Prättigau gelegenen Vilan, 2376 Meter, wollte ich schon lange ersteigen. So ging ich bald mit Frau Schildknecht los. An der Talstation der Seilbahn, die ich per Bus vom Bahnhof Landquart erreichte, machten wir Duzis; wie könnte man sich in den Bergen siezen?

Susis Bahn erwies sich als atemberaubendes Ding. 32 Personen pro Stunde spediert sie in vier Schüben à 8 Personen über 1200 Meter zum Älpli hinauf. Die herzige Wirtschaft dort wird, auch sie, im Freiwilligenmodus betrieben; ein behaglicher Ort mit toller Terrasse!

Fulminant die Sicht vom Älpli auf das Rheintal. Doch der Bahngründer, Christli Janggen, hatte nicht das Panorama im Auge. Als Militärkommandant musste er Ende der Dreissigerjahre den Gebirgsabschnitt Falknis – Schesaplana gegen die auf österreichischem Terrain bis zur Schweizer Grenze aufgerückte deutsche Wehrmacht sichern. Die von ihm initiierte und von einem ETH-Professor konzipierte Bahn startete 1941 und trug Soldaten und ihr Gerät in die Höhe. Eine zweite Geburt erlebte die – später stillgelegte – Bahn 1982, im Geiste des Tourismus totalerneuert.

Vom Älpli aus wanderte ich mit Susi, einer echten Malanserin, von der ich viel über ihr Dorf, dessen Wein und Winzer, die Bündner Herrschaft erfuhr, in 2 Stunden auf den Vilan, wobei wir für den Aufstieg die steile Kurzvariante wählten. Der Rundblick oben von Schesaplana über Piz Kesch bis Ringelspitz war eine Wucht. Der Abstieg führte schliesslich weniger ruppig über eine sanfte Alp. Insgesamt: eine äusserst abwechslungsreiche und unterhaltsame Rundwanderung.

Danke, Susi! Und wer weiss, vielleicht machen wir dank der Älplibahn nach dem Vilan irgendwann zusammen auch noch den Falknis?

Höhendifferenz: Auf- und abwärts je knapp 600 Meter.
Älplibahn: An schönen Tagen schnell ausgebucht, unbedingt reservieren! 081 322 47 64, www.aelplibahn.ch.

Hades SG

36
Von der Seebensäge ins Ofenloch und zur Schwägalp-Passhöhe in 3½ Stunden
Karte auf der Seite 118

Für die Schweiz-Ausgabe von GEO habe ich einen Gastbeitrag über das Neckertal verfasst, der im Dezember* erscheinen soll. Wo zur Hölle liegt das Neckertal?, fragt nun jeder Nichtostschweizer. Eben, in der Ostschweiz; es gehört zur Region Toggenburg. Und eben, exakt darum habe ich über das Neckertal, das übrigens ein tolles Wandergebiet ist, geschrieben: weil es so viele Schweizerinnen und Schweizer nicht kennen.

Schon gar nicht kennen sie das Ofenloch. Ofenloch? Schaut man von der Aussichtsterrasse auf dem Säntis gen Westen, ist da nah der Hochalp eine Waldfläche, die ins schummrige Nichts stürzt. Das ist das Ofenloch, aus dem der Necker geboren wird. Der Name des Flusses soll aus dem Indogermanischen kommen und «wild» bedeuten. Das passt zum Ofenloch, das halb Naturspektakel ist und halb Unterwelt.

Gar nicht so einfach, den Hades zu betreten. Die Einheimischen gehen oder fahren von Hemberg aus zum Ampferenboden, einem schönen Picknickplatz. Und dann wenden sie die Brute-Force-Methode an: Sie gehen direkt im Bett des Neckers weiter. Das ist allerdings heikel bis gefährlich, wenn es in den Tagen zuvor geregnet hat und der Fluss viel Wasser führt.

Schlauer ist folgende Route: Von der Haltestelle Seebensäge der Buslinie Nesslau/Neu St. Johann – Schwägalp steigen wir auf zum Ellbogen, einem Alpboden. Auf dem Fahrsträsschen setzen wir fort Richtung Chräzerenpass und dürfen 5 Minuten später die Wanderabzweigung zur Linken nicht verpassen. Jetzt wird es schaurig: Auf einem Pfad, der sich vorerst der Oberkante einer gut 150 Meter hohen Felswand entlangzieht, steigen wir ab; ist es hier feucht, sei man vorsichtig. Nach Querung eines Nebentobels ist es soweit. Wir sind unten im Ofenloch. Wie in der Vorzeit sieht es hier aus: Kiesel, Geröll, Felsen, Geschiebe, dazu Wasserfälle und Höhlen, moderndes Holz, Farne und Moos, und alles das rahmen gewaltige Nagelfluhwände.

Nur die Indianer fehlen, um einen oft gehörten Slogan abzurunden: Man nennt das Ofenloch gern auch «Grand Canyon der Ostschweiz».

Route: Weiter via Neuwald hinüber zum Chräzerenpass und zur Postautohaltestelle Schwägalp Passhöhe; die angegebene Gehzeit schliesst diesen zweiten Teil ein. **Höhendifferenz:** Zirka 550 Meter auf-, 250 abwärts. **Einkehr:** Auf der Schwägalp. Lohnend auch der Umweg ab Chräzerenpass zum Berggasthaus «Chräzerli». www.chraezerli.ch. **Heimreise:** Ab Schwägalp Passhöhe Busse nach Urnäsch oder nach Nesslau/Neu St. Johann. * «Hier ist nichts los? Hier läuft der Necker!» Erschienen in GEO Schweiz, 12/07.

37 Die Nase des Todes

1. Tag: von Aeschiried über den Rengglipass nach Saxeten in 6 Stunden

Mit meinem früheren Arbeitskollegen Stefan verbindet mich eine Männerfreundschaft, die alljährlich in einem Bergwanderwochenende gipfelt. Das letzte Mal gingen wir ins Berner Oberland, und es war wieder einmal sehr bereichernd. Seit wir nicht mehr in derselben Stadt wohnen, haben wir uns umso mehr zu erzählen.

2. Tag: von Saxeten durch die Bällenlücke nach Isenfluh in 7 Stunden
Karte auf der Seite 120

Auf der Strecke von Aeschiried durchs Suldtäli, das der Leser dieser Kolumne bereits kennt, konnten wir uns ideal einlaufen. Nach kurzer Rast im Restaurant Pochtenfall zogen wir am Wasserfall dieses Namens vorbei hinauf nach Mittelberg und über einen erodierenden Hang hoch zum Rengglipass. Von dort oben sieht man weit vorn und tief unten das «Bödeli», die Schwemmebene der Aare zwischen Thuner- und Brienzersee. Der Runway des Flugplatzes Interlaken lag genau in unserer Blickachse.

Zwei Stunden später langten wir in Saxeten an. Sagenhaft nett die Leute, die uns in der «Alpenrose», wo wir assen und schliefen, begegneten. In so einem Dörflein ist man als Reisender, fast wie in Arabien, der Gast des ganzen Kollektivs: Alles vom Kind bis zur Greisin grüsst dich, jeder scheint sich zu freuen, dass du da bist.

Am nächsten Tag stiegen wir in einer Spitzkehre via Underberg zu den Alpen Hinder- und Usserbällen und weiter zur Lücke zwischen Bällenhöchst und Sulegg auf. Dort sahen wir mit Gruseln, was uns vom Sulsseewli, der Suls-Lobhorn-Hütte und Isenfluh trennte: die zum Kessel gekrümmte, gewaltige Steilflanke des Tschingel, durch die ein Weg fast waagrecht führt. Wer über einer der Tschingel-Felsnasen ausrutscht, ist des Todes.

Wir überlebten den schlüpfrigen Pfad. Drei Stunden später kamen wir in Isenfluh an, das zu Lauterbrunnen gehört: Wander-Ende. Der Bus hinab ins Tal der Weissen Lütschine beschrieb dann unterirdisch eine riesige Vollkurve. Es war ein Kehrtunnel; ich dachte immer, so etwas gebe es nur bei der Eisenbahn. Fast 10 Millionen Franken kostete sein Bau in den Neunzigern. Der Staat gibt für die 60 Leute von Isenfluh viel Geld aus. So nebenbei profitieren davon auch wir Wanderer.

Hin und zurück: Mit dem Bus ab Bahnhof Spiez bis Aeschiried Schulhaus. – Kleinbus von Isenfluh nach Lauterbrunnen, Zug nach Interlaken. Höhendifferenz: Am ersten Tag 900 Meter auf-, 800 abwärts. Am zweiten Tag je 900 Meter auf- und abwärts.

38 Der Wasserfisch

Von Engi zu den Murgseen und nach Mornen in 5½ Stunden
Karte auf der Seite 119

So zirka 20 Mal schon wollte ich in dieser Kolumne angesichts einer Wanderung frohlocken: «Einer der schönsten Orte der Schweiz!» Superlative erschöpfen sich aber bekanntlich brutal rasch, und so hielt ich mich in den meisten Fällen zähneknirschend zurück. Doch diesmal muss es wieder einmal sein – also: Der obere Murgsee ist, mit seinen Nebenseen, einer der schönsten Orte der Schweiz. Jawohl, so ist das! Magisch der Moment, wenn man nach strengem Aufstieg den Widersteiner Furggel erreicht und *ihn* 200 Meter tiefer sieht: Dunkelblau und fast kreisrund ruht er in seinem Kessel, Heidekraut bildet den Ufergürtel, olivgrün sind die Steilhänge, und darüber erheben sich graue Berge.

Viele Wege führen hin, der kürzeste von Murg am Walensee; nimmt man bis hinauf zum Parkplatz Mornen den privat betriebenen Murgtal-Bus, dauert die Wanderung hin und retour nur 3 Stunden. Ambitionierter und viel ergiebiger ist meine Route, bei der wir den Bus erst auf dem Rückweg brauchen. Start in Engi GL, Haltestelle Weberei. Auf dem Kiessträsschen folgen wir dem wilden Mülibach hinauf ins Üblital. Ein Pfad schlängelt sich nun zur Linken durch eine Fels-Busch-Landschaft aufwärts und aufwärts, bis endlich der erwähnte Übergang Widersteiner Furggel auf 2013 Metern erreicht ist und sich der obere Murgsee (1820 Meter) zeigt: prachtvoll. Später werden wir noch einmal staunen, wenn wir auf dem Weg hinab nach Mornen in der Schlucht zur Linken den einsamen unteren Murgsee sehen: üppiges Moos, Farnteppiche, Felsblöcke, das ist Schweden oder gar Alaska, es fehlen nur die Elche.

Am oberen Murgsee waltet die Zivilisation. An schönen Wochenenden quillt das Gasthaus samt Terrasse über von Ausflüglern. Es war einst das Haus der Bergknappen, die in der Gegend Erz abbauten. Später beherbergte es die Arbeiter, die den Seedamm errichteten, und dann, um die Wende zum 20. Jahrhundert, Fischer, die den blühenden Kurort Bad Ragaz belieferten.

Apropos: Im Gasthaus assen wir Forelle – sehr fein. Die Fische schienen uns für die Kälte des Sees ein wenig gross gewachsen. Als ich die Serviererin ganz zum Schluss fragte, woher meine Forelle eigentlich komme, antwortete sie schnippisch: «Uss em Wasser.»

Reise: Bus von Schwanden Bahnhof Richtung Elm bis Engi Weberei.
Höhendifferenz: 1200 Meter auf-, 800 abwärts.
Murgtal-Bus: Er fährt von Mornen Parkplatz bis Murg Bahnhof am Walensee. Reservieren unter 081 738 14 41.
Einkehr: Berggasthaus Murgsee. www.murgsee.ch.

Open End

39

Von der Bergstation Alp Stätz nach Almens in 5 Stunden

Karte auf der Seite 122

Du nimmst frühmorgens den Zug nach Chur, willst weiter nach Ilanz und dann nach Vella und von dort auf den Piz Mundaun. Doch der Zug verspätet sich unterwegs stark, und der Anschlusszug ist weg, als du in Chur ankommst, und auf den nächsten Zug zu warten, hast du irgendwie keine Lust, und also beschliesst du: Postauto, sofort, das erstbeste, irgendwohin. Und es ist dann der Bus Richtung Lenzerheide, den du erwischst, und in Churwalden steigst du aus, schlicht weil du in Churwalden noch nie ausgestiegen bist. Und weil am Hang zur Rechten eine Sesselbahn fährt, landest du schliesslich auf der Alp Stätz.

Wie weiter, fragst du dich; eine Karte hast du nicht, die dir helfen könnte. «Piz Scalottas» auf dem Wanderwegweiser klingt reizvoll, ihn wählst du dir zum Ziel. Auf dem Höhenweg am Hang kommst du im Folgenden gut voran und siehst bald linkerhand tief unten den Heidsee, und der Gipfel weit vor dir, auf dem sich ein Haus abzeichnet, wird wohl der Scalottas sein. Nach drei viertel Stunden biegt der Weg rechts hinauf auf die Krete, und von dort erblickst du das Tal auf der anderen Seite, und weil du eine Ahnung von Geografie hast, weisst du, dass es das Domleschg ist. Schön sieht es aus, so schön, dass du spontan beschliesst, den Scalottas, dem Scharen von Wanderern zustreben, darunter viele Familien, sausen zu lassen und hinab ins Domleschg zu halten. Das ist exklusiver.

Almens heisst dein neues Ziel; du weisst vage, dass das ein Dorf in der Nähe von Scharans ist. Dein Pfad führt steil abwärts, du passierst schmucke Alpen wie die Alp Raschil und die Alp Tamil, und während du absteigst und absteigst und absteigst, ohne einen Menschen zu treffen, denkst du, dass das Domleschg sich auf mysteriöse Weise verweigert, indem es partout nicht näher kommen will. Aber endlich langst du doch noch in Almens an, führst dir gierig Brunnenwasser zu, suchst eine Bushaltestelle, und schon kommt ein Bus. Und während du dich nun auf den Heimweg machst, findest du, dass man eigentlich viel öfter so wandern sollte: ohne Plan, *open end,* wohin die Füsse wollen; es liegt darin ein Gefühl der Freiheit. Was dem Autofahrer die Fahrt, ist dem Wanderer der Gang ins Blaue.

Höhendifferenz: 400 Meter auf-, 1550 abwärts.
Heimreise: Von Almens (Restaurant vorhanden) mit dem Bus zum Bahnhof Thusis.

40 Im Wadi Safi

Von Splügen über den Safierberg nach Turrahus in 5 Stunden
Karte auf der Seite 123

Splügen von oben: weisses Mauerwerk und sonnengeschwärztes Holz. Während ich zur Gadenstatt aufsteige, schaue ich immer wieder zurück und bewundere das wakkerpreisgekrönte Dorf, in dem ich gestartet bin. Vor mir liegt der Safierberg, der weniger ein Berg als ein Pass ist. Und Teil einer alten Handelsroute: Einst fürchteten die Leute, die mit ihren Waren von Süden her über den Splügenpass und den San Bernardino kamen, die verkehrstechnisch mangelhaft gebändigte Schreckensschlucht Via Mala weiter unten am Hinterrhein. Darum bogen sie in Splügen links ab und hielten über den Safierberg ins Safiental und zum Vorderrhein hinunter.

Via Gadenstatt gelange ich auf die Stutzalp, die sich in ein kilometerlanges, enges Tal schmiegt, in dem ausser zwei, drei Hütten und vielen blökenden Schafen nichts ist. Oben, auf dem Rücken des Safierbergs, 2486 Meter über Meer, bin ich berückt: Ungeheuer weit zeigt sich vor mir jetzt das Safiental samt der Rabiusa, dem Talfluss, der mal auf die eine, mal auf die andere Seite auskeilt und sich mehr Platz nimmt, als er eigentlich braucht; kurz vor dem «Turrahus», einer Kombination aus Gasthof und Busendhaltestelle, weitet sich das Flussbett dann gar zu einem 200 Meter breiten Geschiebefeld. Hernach allerdings wird die Rabiusa, deren Name mit dem lateinischen *rabiosus* gleich «wütend, zornig» in Verbindung gebracht wird, durch das Staubecken Wanna schnöd entmachtet.

Auf der «Turrahus»-Terrasse den Bus erwartend, sinniere ich über eine Theorie, die mir kürzlich ein esoterischer Bündner vortrug und die immer wieder mal zu hören ist: Das Safiental sei von den Arabern des mittelalterlichen Islams erschlossen und zivilisiert worden. Aus der Sicht des Historikers ist das doch eher Spekulation. Anderseits fällt mir nun ein, dass *safi* auf Arabisch (ich lernte die Sprache an der Uni) «rein, pur» heisst. Das passt vorzüglich zu dem lichten Wadi, pardon: Tal, das man auf einer einstündigen Busfahrt lauteren Gemütes verlässt.

Hin und zurück: Bus von Chur nach Splügen (reservieren!). Bus vom «Turrahus» (SBB-Online-Fahrplan: «Thalkirch Turahus») via Thalkirch zum Bahnhof Versam-Safien und mit der Bahn nach Chur; ab 20. Oktober muss man für die Strecke «Turrahus» – Thalkirch Alte Post reservieren. Höhendifferenz: 1000 Meter auf-, 800 abwärts.
Schlenderei: Vom «Turrahus» taleinwärts zum Geschiebefeld der Rabiusa hinter dem Staubecken und zurück. Eine Stunde Gehzeit, kaum Höhendifferenz, eindrückliche Sache.
Einkehr: «Turrahus». Hier kann man auch übernachten.

Handeinsatz

41
Von Isenau via La Palette zum Col du Pillon in 3 Stunden
Karte auf der Seite 122

«Ich möchte der neue Schweizer Wanderpapst werden, helfen Sie, laden Sie mich ein!», schrieb ich vor zwei Monaten an die Redaktion der Talkshow «Aeschbacher». Inzwischen wurde ich erhört, Aeschbi will mich am kommenden 23. August tatsächlich empfangen; das Motto der Ausgabe wird lauten: «Natur pur».

Bis es so weit ist und mich das Fernsehen anno 2007 berühmt macht, geniesse ich meine letzten Tage als anonymer Wanderer. Kürzlich war ich im Kanton Waadt unterwegs, genauer gesagt bei Les Diablerets, noch genauer gesagt in der Gegend des Lac Retaud, eines Bergsees samt einem wunderbaren Restaurant. Man erreicht diesen Ort leicht, wenn man von Les Diablerets den Bus zum Col du Pillon nimmt. Ab der Passhöhe sind es dann nur noch 30 Minuten Fussmarsch den Hang hinauf.

Oder aber – so verfuhr ich – man strebt dem Lac Retaud im Rahmen einer halblockeren Wanderung von Isenau aus zu. Grandios präsentiert sich von der Bergstation der in Les Diablerets startenden, charmant altmodischen Gondelbahn das vergletscherte Diablerets-Massiv auf der anderen Talseite; wer nicht gern wandert, verweilt in Isenau auf der Terrasse des Restaurants, macht gar nichts und wird damit sehr zufrieden sein.

Ich für mein Teil erstieg mir in einer schweisstreibenden Aktion den nahen Berg La Palette, 2171 Meter hoch. Die Tritte des schmalen Pfades waren reichlich hoch, und ich musste einige Male die Hände zu Hilfe nehmen. Das Panorama ganz oben fand ich sehr lohnend: deutlich besser noch als das gute, das man in Isenau kriegt. So sah ich nun auch hinüber und hinab ins Bernische und bewunderte den hingestreckten Arnensee. Und ganz hinten am Horizont reckte sich das Stockhorn gen Himmel.

Danach ging es stetig abwärts mit mir. Via den Col de Voré stieg ich nieder zum Lac Retaud. In der rustikalen Wirtschaft nahm ich Platz und bestellte eine Meringue mit Schlagrahm. «Croûte» (Käseschnitte) und Fondue hätte ich theoretisch bevorzugt, doch war es mir für derart deftige Waadtländereien letztlich dann doch zu heiss.

Höhendifferenz: 400 Meter auf-, 600 abwärts.
Gehzeit: Mitgerechnet sind die 30 Minuten am Schluss vom See hinunter zum Col du Pillon (Bushaltestelle nach Les Diablerets).
Added Value: Bei gutem Wetter lohnt vom Col du Pillon der Seilbahnausflug hinauf zum Diablerets-Plateau Glacier 3000: Botta-Restaurant, Huskie-Schlitten-Fahren, Alpine-Coaster-Rodelbahn, Gletscherspazieren.

42 Vierbeizentournee

Von Wasserauen zum Schäfler und zur Ebenalp in 4 Stunden
Karte auf der Seite 126

Der Winter naht, bald wird wieder weisses Gehverhinderungspulver vom Himmel rieseln und all die delikaten Bergwanderwege auf Monate verschütten; nur kurze Zeit ist noch Gelegenheit für ein Alpinschnäppchen. Ambitioniertere Ausflüge wollen aber auch deshalb bis Ende Oktober ausgeführt sein, weil dann die meisten höher gelegenen Wirtschaften schliessen. Womit wir voll im Thema wären:

bei den Bergbeizen nämlich, genauer denjenigen des Appenzellerlandes, dessen Gebirge wie kein anderes hierzulande durchgastronomiert ist. Der Wanderer im Alpstein braucht weder viel Proviant noch Wasser mitzuschleppen, da er bis zur nächsten Einkehrmöglichkeit kaum je mehr als anderthalb Stunden zu gehen hat.

Meine Route, die ich als Heimweh-Appenzeller so oder ähnlich mindestens einmal pro Jahr beschreite, führt von Wasserauen, wo man idealerweise um zehn startet, in einer knappen Stunde hinauf zum Seealpsee. In der «Forelle» oder auch im «Seealpsee» trinkt man noch Kaffee oder schon Apéritif, dann zieht man am See vorbei und biegt rechts ab in den Fels. Nun wird es streng, geht es via Altenalp 800 steile Meter empor zum Schäfler. Oben ist die Rundsicht phänomenal, und die Spezialitäten in der gleichnamigen Wirtschaft, darunter die Südworscht, eine Schwester der Münchner Weisswurst, überzeugen. Es folgt ein kleiner Abstieg zur Chlus, von wo man leicht rechts haltend waagrecht durch eine Steilwand direkt zum Wildkirchli gelangt.

Einer der – ohne Superlativ* geht es auch in diesem Fall nicht – schönsten Orte der Schweiz: Da gibt's ein reizendes Eremitenkapellchen. Gibt's in der nahen Riesenhöhle auch eine Museumsholzhütte, die mit zirka acht Exponaten über die vor gut 30 000 Jahren hier von der Bärenjagd rastenden Früh-Appenzeller informiert. Gibt's vor allem den «Aescher», der so stimmig an eine überhängende Felswand gepasst ist, dass man staunt, bis die legendäre, gut 15 Nidelzentimeter hohe Meringue vor einem steht (hätte man nicht schon gegessen, wäre auch die Rösti zu empfehlen). Wegen der Meringue staunt man von neuem. Zur Ebenalp hinauf ist es dann nur noch eine Viertelstunde. Von dort trägt einen die Seilbahn hinab nach Wasserauen. Zuvor aber will das auf dieser Vier-Beizen-Bergtour Gegessene und Gesehene und Gegangene begossen sein. In der «Ebenalp» eben. Mit einem «Appenzeller». Wohl bekomm's.

Höhendifferenz: 1100 Meter aufwärts, 300 Meter abwärts.
Hin und zurück: Bahnlinie Gossau SG – Wasserauen.
* Grundsatzbemerkung: Kolumne Nr. 38.

43 Buch, Lied, Weg

Von Schwarzenburg via Guggisberg nach Zollhaus in 6 Stunden
Karte auf der Seite 124

«Ds Vreneli ab em Guggisbärg» und «Simes Hansjoggeli ännet em Bärg» wollen, können aber nicht zusammenkommen. Walther Kauer inspirierte das Guggisberglied zu seinem spekulativen Roman «Gastlosen»; der Schriftsteller schilderte, wie im 18. Jahrhundert die Liebe eines Fahrendenpaares durch die Sesshaften zerstört wird, und schrieb die traurig-trotzige Aura der Randregion fort, deren Armut im Ancien Régime notorisch war. Als Gemeine Herrschaft wurde die Gegend um Guggisberg abwechselnd von Bern und Freiburg verwaltet – was auch meint: vernachlässigt. Nicht zuletzt weil die obrigkeitliche Kontrolle weniger straff war, kamen hier Heimatlose, Vertriebene, Verfemte unter. Doch alle Jahre hetzten die Herren mit ihrer Bauernmiliz in einer «Landjegi» das Gesindel wieder weg.

Man lese Kauer. Die Wanderung zum Buch und Lied beginnt am Bahnhof Schwarzenburg. Wir halten gemäss dem Wegweiser Richtung Guggershorn, erreichen nach mühsamem Beginn auf Teer ein Натursträsschen; bald gehen wir, wobei wir ab und an einen ins Gelände geduckten Hof passieren, steil aufwärts. Das «Horn», 1283 Meter, erweist sich als länglicher Nagelfluhklotz mit einer 64-stufigen Holztreppe an der Schmalseite. Oben – wir reden von dem Berner Panoramapunkt – sieht man weit, sieht Berge sonder Zahl. Und man begreift an diesem Ort die Geschichte des Guggisbergerlandes auf einen Schlag besser: das Nebeneinander von Hügeln und Tobeln, die Unüberschaubarkeit der Topografie, der Reichtum an natürlichen Nischen als Voraussetzung, dass sich Menschen verkriechen konnten.

In Guggisberg ist Halbzeit. Später laufen wir gleich noch einmal so weit: hinab ins Laubbachtal und hinauf nach Gusteren und hinab nach Zollhaus, wo Kalte und Warme Sense (sind diese Flussnamen nicht wahnsinnig poetisch?) sich vereinigen. In der Hirschmatt unterhalb von Guggisberg stünde übrigens – aber nicht an unserem Weg – das Gehütt eines gewissen Sumi aus Steinen, Fichtenholz, Haselruten, Schilf, Stroh. Das an Asterix und Obelix erinnernde Keltenhaus, das mittlerweile viel Volk anzieht: ein Thema für sich. Nächstes Jahr komme ich zurück; ich bin mit dem Landstrich noch nicht fertig.

Anreise: Mit dem Zug von Bern nach Schwarzenburg.
Rückreise: Von Zollhaus per Bus nach Freiburg.
Höhendifferenz: 800 Meter auf-, 700 abwärts.
Einkehr: Sehr gut gegessen habe ich im «Sternen» Guggisberg (kein Ruhetag). Im «Zollhaus» ist der Dienstag ein Ruhetag.
Buch: Walther Kauer, «Gastlosen». Lenos, 1986.

44 Armer Fritz

Von St-Ursanne zum Col des Rangiers und retour in 4½ Stunden
Karte auf der Seite 127

Mit dem Zug in St-Ursanne anzukommen, ist bizarr. Diese Abgelegenheit des Bahnhofs vom Ort! Und die zerschrammte Kalkfabrik widerspricht total dem, was man mit dem Städtchen St-Ursanne assoziiert: Kopfsteinpflaster, mittelalterliche Gemäuer, die malerische Schleife des Doubs.

Wir kehren St-Ursanne vorerst den Rücken zu und gehen Richtung Col des Rangiers. Der Weg führt durch den Wald, quert eine Landstrasse, beginnt zu steigen, und alles wird gut: Wir erreichen eine Hochfläche, rundum sind Jurakreten, tief unten erscheint die Ebene von Bassecourt. Bei La Caquerelle lohnt sich die Einkehr im gleichnamigen Gasthaus. Es ist sympathisch altmodisch: abgewetztes Holz, lange Tische, verwaschene Stofftischtücher. Und das Essen ist hier besser als im nahen Col des Rangiers-Passhöhe-Restaurant, wo es halt durchschnittlich ist.

Von der Passhöhe laufen wir später auf dem Grasstreifen der Strasse entlang anderthalb Kilometer abwärts Richtung Porrentruy. An der zweiten Gabelung leitet uns ein Wanderwegweiser wieder ins Grüne. Bald wandeln wir erhaben auf einem langen Kamm und sehen uns an der Ajoie satt. Endlich führt der Weg über den Weiler Outremont auf St-Ursanne zu. Und nach der vielen Natur ist das Städtchen wunderbar. St-Ursanne und das Wort «Cachet»: eine perfekte Mariage.

Etwas fehlte in der Routenschilderung. Bei «Col des Rangiers» denkt man automatisch «Le Fritz». Der Acht-Tonnen-Koloss von Soldat, Gewehr bei Fuss, Hut mit Pompon, wurde 1924 einen Kilometer westlich der Passhöhe aufgerichtet, wo sich die Passstrasse ein erstes Mal gabelt – wir kamen dort vorbei. Aber Le Fritz ist nicht mehr da. Jura-Militante attackierten die «Wacht von Rangiers» mehrmals, 1989 fiel sie ganz. Geblieben sind von der Anlage, mit der die Schweiz ihren Verteidigungswillen im Ersten Weltkrieg zelebrierte, einige Bänklein links und rechts.

Der Journalist Paul Imhof hat das Problem prägnant formuliert: Die Statue erinnerte die Jura-Autonomisten «nicht an die Besetzung einer Landesgrenze, sondern eines Grenzlandes». Armer Fritz, diese Verwechslung war dein Tod!

Höhendifferenz: Je 550 Meter auf- und abwärts.
Ruhetage: «La Caquerelle», Mittwoch/Donnerstag; «Les Rangiers» (Passhöhe), Dienstag. An beiden Orten kann man auch übernachten.

45 Bella hat Biss

Von Altstätten auf den Sommersberg und nach Gais in 5 Stunden
Karte auf der Seite 126

Der tief in den Genen verankerte Seins-Auftrag des Appenzeller Bläss lautet: Mit Gekläffe und viel Beinarbeit, vor allem aber unter angemessener Verwendung des zu diesem Zweck konfigurierten Prachtgebisses dafür sorgen, dass jedes einzelne Viehtier spurt. Im Rahmen dieser klar definierten Mission zwickt der gutmeinende Hirte auch mal einen Menschen in die Wade, wenn der vom rechten Weg abweichen will. Appenzell-Wanderer können ein schmerzliches Liedchen davon singen.

Bella, die Hündin meiner im Ausserrhodischen wohnenden Schwester, ist so ein Bläss. Ein reinrassiger sogar. Wobei es bei Bella atypischerweise nur die ersten fünf, zehn Minuten der Bekanntschaft sind, in denen man die eigenen Bewegungen vorsichtig gestalten sollte. Danach ist das Gröbste überstanden und beginnen Bellas konstruktivere Eigenschaften zu wirken. Will heissen, Bella wird einen bald in Ruhe lassen, wenn man nur in der Kennenlernphase darauf geachtet hat, nicht die Arme unkontrolliert baumeln zu lassen: Sie könnte sonst einen Kuhschwanz vermuten und reflexartig zuschnappen. Man sagt ja auch, dass Hunde nicht besonders gut sehen.

Bella und ich haben den heiklen Anfang problemlos hinter uns gebracht, sind gute Freunde geworden, ziehen immer wieder mal zusammen ins Gelände. Hier unsere schönste Route. Sie beginnt beim Bahnhof Altstätten im St. Galler Rheintal, wo ein Wegweiser Richtung Sommersberg zeigt. Bella und ich queren das schmucke Städtchen und das Einfamilienhausviertel am Hang. Nun geht es am linken Rand des Brendenbachs via Fideren zur Alp Chlosmeren. Schliesslich, nach gut 3 Stunden Aufwärtsgehens, erreichen wir den aussichtsreichen Rücken des Sommersberges und sind also wieder im Appenzellerland. In der rustikalen Kleinwirtschaft ist Gelegenheit, zu essen und zu trinken. Hernach führt der Weg steil, doch nicht abschüssig hinab nach Gais.

In Gais besteigen wir die Appenzellerbahn. Bella schaut mich müd und glücklich an. Könnte sie reden, würde sie mir sagen: Du, das war ein schöner Tag!

Finde ich auch. Nur ein Sörgelchen habe ich noch. Denn jetzt erblicke ich den Kondukteur und hoffe, dass er nicht zu schnell näher kommt. Und dass er die Hand nicht zu abrupt nach unseren Billetten ausstreckt. Wer weiss, was Bella sonst tut.

Höhendifferenz: 700 Meter auf-, 200 abwärts.
«Sommersberg»: Montag und Dienstag zu.

46
Von Loco über den Passo della Garina nach Ronchini in 4 Stunden
Karte auf der Seite 128

Geiser und wir

Herr Geiser aus Basel, 73, ein Witwer in einem Häuschen im Onsernonetal, ist irritiert: Es will nicht aufhören zu regnen. Hänge rutschen, das Postauto fährt nicht mehr, der Himmel bleibt grau. Geiser fühlt sich gefangen. Alles ist so unwirklich. Und er grübelt: Was wissen wir Menschen von der Welt? Ist die Welt ausserhalb des Tals überhaupt noch da? So beginnt Max Frischs Erzählung «Der Mensch erscheint im Holozän».

Geiser beschliesst die Flucht, um in die Realität zurückzugelangen, die ihm abhanden zu kommen droht. Der Passo della Garina hinüber ins Maggiatal, den er wählt, ist auch für uns Spätherbst-Wanderer eine schlaue Route. Nur 1076 Meter hoch, birgt er keine Gefahr, wenn man nur auf der

Maggiaseite im Wald des Larecciotals aufpasst: Der Pfad führt einer Steilflanke über dem Tobel entlang; man muss mit Bedacht auftreten und sollte nicht stolpern. Ansonsten erweist sich die Route als Freudenspenderin, was schon für Loco gilt, das Dorf über der Isornoschlucht mit seinen dichtgedrängten Häusern. In 30 Minuten erreicht man von hier auf einem alten Kulturweg das feine, frischrenovierte Sassello-Kirchlein. Und nach noch einmal 30 Minuten wird das Gelände flacher, und kurz darauf steht man auf der Passhöhe: Rustici, felsbrockenübersäte Wiesen, aus Steinen gebaute Weidemauern. Waldflanken rahmen die Landschaft, in der man jetzt sehr allein ist.

Wirr leider die Signalisation auf der Passhöhe. Korrekt ist: zuerst rechts Richtung «Salmone», dann nach gut 50 Metern beim nächsten Wegweiser wieder links, also weg vom Salmone, einem Berg, den wir in dieser Jahreszeit nicht mehr besteigen sollten. Wir folgen einem Trockenmäuerchen, und innert fünf Minuten landen wir im besagten Larecciotobel-Wald. Immer wandeln wir dabei auf Herrn Geisers Spuren, dessen Route Max Frisch bei aller erzählerischen Lakonie präzis beschrieben hat, so dass, wer die Geschichte gelesen hat, viele Details wiedererkennt. Erst tief unten, nun schon nah dem Maggiatal, nehmen wir Abschied von Geiser. Ermüdet, durchnässt, zerkratzt, den rechten Arm von einem Sturz aufgeschürft, kehrt der alte Mann um. Wir aber setzen fort, erblicken irgendwann das helle Geschiebeband der Maggia, queren diese auf einer modernen Hängebrücke, erreichen in Ronchini die Durchgangsstrasse und sind damit definitiv zurück in der Realität.

Reise: Bus Locarno – Loco. Bus Ronchini – Locarno.
Lektüre: Max Frisch, «Der Mensch erscheint im Holozän». Suhrkamp, 1979.

47 Oberst Dichter

Von Malans via Fadärastein nach Seewis in 4 Stunden
Karte auf der Seite 128

Was man beim Wandern so alles sieht und lernt! Susi, die Malanserin, hatte mir empfohlen, von Malans aus auf den Fadärastein zu steigen. Kürzlich nun war es so weit und eroberte ich mir diesen Aussichtspunkt, der mit seiner Minihöhe von 1163 Metern bis November oder gar Dezember ein probates Wanderziel darstellt. Auf meiner Susi-inspirierten Wanderung entdeckte ich aber noch viel mehr: eine tolle Wirtschaft, einen zweiten, fast gleich hohen und schönen Berg und eine historische Persönlichkeit.

Das ging so: Ich steuerte vom Bahnhof auf das Dorf Malans zu; vom Winzerörtchen ging es dann am Steilhang durch viele Kehren auf den Fadärastein, wobei zuletzt der Waldpfad sich zum kettengesicherten Felssteig wandelte. Atemberaubend oben die Aussicht aufs Rheintal. Nach der Rast wanderte ich weiter Richtung Seewis, das Prättigauer Sonnenterrassendorf, und geriet bald ans Gasthaus Fadära. Dessen Stube war reserviert für eine Riesengruppe, doch wies mir die Wirtin einen Platz in der Nebenstube zu. Ich fand ihr Lokal urgemütlich, und die Rösti fand ich fein. Von der Frau neben mir am Tisch kriegte ich während des Essens einen Tipp, wie ich am schönsten nach Seewis käme: über den Crupspitz solle ich gehen. Ich tat es und bereute nicht den erneuten Aufstieg. Abrupt wie vom Fadärastein blickt man vom Crupspitz hinab, diesmal in die Klus, die schmale Pforte vom Rheintal ins Prättigau.

In der Wirtschaft hing an der Wand das Porträt des Johann Gaudenz Freiherr von Salis-Seewis, 1762 bis 1834. Der, entnahm ich später WIKIPEDIA, war ein Adelsspross, der für die Ideale der Französischen Revolution entflammte, die Helvetische Republik unterstützte und Generalinspektor der helvetischen Truppen wurde, um später im Kanton Graubünden Staatsämter zu bekleiden. Von Salis-Seewis war aber auch ein Dichter. Ein empfindsamer, einer der Menschenrechte. Goethe, Herder, Schiller, Wieland hatten ihn inspiriert, die er als junger Mann traf, und es rührt aus dieser gefühligen Zeit, dass ihm der Name «Bündner Nachtigall» zukam.

Nie hiess ein Schweizer Oberst poetischer.

«Fadära»: Ruhetag Donnerstag.
Höhendifferenz: 700 Meter auf-, 300 abwärts.
Heimreise: Bus ab Seewis Post zum Bahnhof Landquart.
Vorgezogener Winterwandertipp: Von Seewis zum «Fadära», Einkehr, retour in 90 Minuten auf gepfadetem Strässchen.

48 Konspirativer Ort

Von Riggisberg auf die Bütschelegg und nach Niedermuhlern in 2 Stunden
Karte auf der Seite 129

Sässe ich als Gast im «SonnTalk» von TELEZÜRI und Moderator Markus Gilli würde mich in seinem Breitbandzüritüütsch fragen: «Thomas Widmer, weles sind für Sie Luscht und Fruscht vo de Wuche gsii?» – dann würde ich antworten:

«Seit acht Monaten trage ich meine HYVENT-Wanderjacke von THE NORTH FACE. Letzten Dienstag hat mich schampar gefreut, dass ich wieder einmal, auf der rechten Aussenseite diesmal, einen neuen Lüftungsreissverschluss entdecken durfte.»

Gilli: «Und de Fruscht, Thomas Widmer?»

«Gestern habe ich die KÜMMERLY+FREY-Wanderkarte Thurgau/Bodensee gekauft. Sie kostet wie die anderen Karten der Serie 24 Franken 80, besteht aber zu einem Viertel aus nutzlosem Bodensee. Ein Skandal!»

Gilli nickt und... Doch schliessen wir die Wanderkolumnistenfantasie und wenden wir uns der Bütschelegg zu, einem Berner Voralpenhügel, vom öffentlichen Verkehr umkreist, mit einer soliden Wirtschaft bestückt, das ganze Jahr begehbar, ein tolles Panorama offerierend. In meinen 17 Stadtberner Jahren habe ich die Bütschelegg immer wieder besucht. Durch den Schnee von Rüeggisberg her (mit Abstieg nach Toffen). Unter sengender Sonne ab Kehrsatz (eine Strapaze). Im Rahmen einer konspirativen BERNERZEITUNG-Gewerkschaftssitzung von Oberbalm aus (das Thema der Sitzung ist mir entfallen).

Zur Auffrischung all der Erinnerungen wähle ich in Begleitung von Sylvia aus Berlin die gemütliche Route ab Riggisberg, die ich auch schon kenne. Wir studieren die Gedenktafel zur Bombardierung des Ortes im Juli 1943 (irrtümlich, durch einen alliierten Piloten), verlassen das Dorf via Kirchhügel, gehen ein mühsames Stück der Landstrasse entlang, biegen links in den Forst. Nach einer guten Stunde erreichen wir den Weiler Oberbütschel; nun wird es kurz steil. Dann sind wir oben. In der Wirtschaft gibt's Ausflüglerspeisen von Vermicelles bis Wurst. Der halbstündige Abstieg nach Niedermuhlern ist hernach nur eine gehtechnische Formalität.

Ein Tipp: Bei der Post auf das Postauto warten. Denn bei der Käserei gabelt sich die Strasse, und wir warten natürlich prompt an der falschen Ecke, worauf der Bus vor uns abbiegt und davonbraust. Ein neuer Frust der Woche – diesmal in Gestalt eines gefühllosen Postautofahrers.

Höhendifferenz: 300 Meter auf-, 200 Meter abwärts.
Wirtschaft: Von November bis März Donnerstag geschlossen.
Hin und zurück: Mit dem Postauto.

Teufel und Hase

49

Von Baden zur Station Berikon-Widen in 5 Stunden
Karte auf der Seite 130

Armer Teufel, er hat's nicht leicht. Flurnamen wie «Tüfels Chile» (Kollbrunn) oder «Tüfels Chilchli» (Braunwald) verraten, dass er als gefallener Engel dem Himmel nachtrauert; er hat nach seiner Verstossung keine neuen Rituale kreiert, sondern jene kopiert, die er als hoher Funktionär Gottes kannte. Auch der «Tüfels Chäller» bei Baden passt zu dem Befund: Der feuchte Platz in coupiertem Waldgelände, den übernatürlich wuchernde, bis 50 Meter hohe Buchen, Eschen, Fichten umstehen, wirkt wie eine ins Dunkle gewendete Kultstätte. Eine sinistre Outdoor-Kirche mit gotischen Nagelfluhpfeilern.

Des Teufels Keller zu erreichen, legen wir am Bahnhof Baden los und laufen als Erstes durch die Weite Gasse. Wer sich in der Einkaufszone vertut, weil ihm eine Wanderwegmarke entgangen ist, der frage nach dem – stillgelegten – Bahnhof Oberstadt; den kennt jeder Badener. Dort kann man noch einmal starten; gleich nach der Gleispasserelle steht wieder ein Wegweiser. Gut eine halbe Stunde dauert es, dann erreichen wir den «Tüfels Chäller». Ganz in der Nähe klafft das Loch des Baregg-Autotunnels.

Hier rasten wollen wir nicht. Also steigen wir auf gutem Waldweg via Spittelau hinauf zum Aussichtspunkt Rüsler, wo die Welt wieder licht und weit ist. Toll sieht man ins Limmattal und auf Wettingen, aber auch auf den/die Lägeren (nach Konsultation diverser Wanderbücher ist mir keine eindeutige Geschlechtsbestimmung des Höhenzuges möglich). Ganz in der Nähe können wir im «Rüsler» einkehren. Dann, zeigt die Karte, kreuzen wir wieder einen

Tunnel, den «Heitersberg», durch den hindurch man im Zug von Zürich nach Bern pfeilt. Die Route führt danach lange geradeaus, wobei die Aussicht völlig wechselt: Jetzt sehen wir ins Reusstal und zum Pilatus. Schliesslich führt ein Gratweg über dem Egelsee idyllisch zum Restaurant Hasenberg, von dem aus in einer halben Stunde der Bahnhof Berikon-Widen zu erreichen ist.

«Hasenberg», das klingt bodenständig, nach Wurstsalat und Vermicelles. Nun ja, der «Hasenberg» ist heute ein japanisches Restaurant. Aber der wahre Wanderer ist kein Chauvinist, sondern schreitet offenen Herzens ins Unbekannte. Und wird bisweilen belohnt: Nicht nur bediente man uns unseren groben Schuhen zum Trotz freundlich, sondern es mundete uns im «Ryokan Hasenberg» auch das Teriyaki-Mahl teuflisch gut.

Höhendifferenz: Auf- und abwärts je 250 Meter.
Einkehr: «Rüsler», Montag und Dienstag Ruhetag; «Ryokan Hasenberg», Montag Ruhetag. Heimreise: Zug nach Dietikon.
Lektüre: Zeitschrift DU vom Oktober 2005 mit einem Text-Foto-Essay vom WELTWOCHE-Wanderkolumnenduo Widmer/Waldner über den Teufel im Gelände.

50 Ausserirdischer Thurgau

Von Romanshorn über den Seerücken nach Siegershausen in 5½ Stunden
Karte auf der Seite 132

Der Seerücken ist ein weites Plateau, das sich von Romanshorn parallel zum Ufer des Bodensees 40 Kilometer nach Westen zieht. Hier oben wachsen jene Äpfel, die dem Kanton den Namen «Mostindien» einbrachten, wird überhaupt gebauert, was das Zeug hält, und markant viel Wald hat es auch. Weil der Seerücken auch eine der am dünnsten besiedelten Regionen des Mittellandes ist, mag es, gerade jetzt im Dezember, geschehen, dass man zwischen den Orten keinen einzigen Menschen antrifft. Spätherbstlich sinnieren kann man so allein im Forst und dazu melancholische Gedichte rezitieren: «Voll von Freunden war mir die Welt / Als noch mein Leben licht war / Nun, da der Nebel fällt / Ist keiner mehr sichtbar» (Hermann Hesse).

Wenn man am Bahnhof von Romanshorn dem Wegweiser folgt und Richtung Siegershausen hält, ist man korrekt gespurt; schnell bleibt der Ort, nachdem das ALDI-

Gebäude passiert ist, zurück; dann geht es aufwärts, und zwar so unmerklich, dass man später staunt, dass man nun 150 Meter über dem See geht und auf diesen hinunterblickt, auf dessen Niveau man sich immer noch wähnte. Erstes Etappenziel ist Dozwil. O ja, Dozwil! Jene Gemeinde, die 1988 in die Schlagzeilen geriet. Paul Kuhn, der Prediger und Apostel der ortsansässigen St.-Michaels-Vereinigung, an deren Haus der Wanderweg übrigens vorbeiführt, hatte damals für den Muttertag prophezeit, es würden Ufo-Raumschiffe landen und die Kinder holen. Seine Anhänger glaubten es, aber statt der Ausserirdischen fuhren die Hells Angels ein, und es kam zu Krawallen.

Dozwil heute: Still, schmuck, brav liegt es zwischen den Feldern. Das gilt auch für die folgenden Dörfer am Weg. Alle wirken sie von Langrickenbach über Illighausen bis Siegershausen, wo die Wanderung endet, äusserst manierlich. Und auch die Natur, die man auf dieser Route mit ihren kilometerlangen Geraden kennenlernt, ist das Gegenteil eines Spektakels: von bemerkenswerter Reserviertheit ihre Schönheit. Der Seerücken ist eine Landschaft, die durch ihre Sekundärtugenden besticht. Er ist auf fast schon irritierende Weise verhaltensunauffällig.

Höhendifferenz: 150 Meter aufwärts.
Einkehr: In den Dörfern gibt es mehrere Gaststätten. Getestet und gemocht: «Löwen» in Langrickenbach. Dienstag Ruhetag.
Heimreise: Von Siegershausen mit dem Zug nach Weinfelden.

Überbeibahn

51
Von Kempten durchs Kemptner Tobel nach Bäretswil in 2 Stunden
Karte auf der Seite 134

Die Durchwanderung des Kemptner Tobels bereitet auch im Winter Spass: Der Weg ist gut, viel Schnee hat es selten, der Wald ruht so schön. Von den Tobeln im Zürcher Oberland ist dieses das stimmungsvollste. Derart hoch sind die Nagelfluhwände, derart abenteuerlich schmal der Bacheinschnitt, dass man sich in einem Western wähnt und denkt: Jetzt taucht dann gleich Winnetou auf, die Silberbüchse im Anschlag.

Wir beginnen in Kempten Talhof, Gemeinde Wetzikon, überqueren den Chämtnerbach; der Wegweiser leitet uns zur alten Nagelfabrik am Tobeleingang. Man gestatte mir eine zweite Fiction-Assoziation: Schriebe ich einen Jugendkrimi à la Enid Blytons «Fünf Freunde...», siedelte ich hier die erste Spannungsszene an. Und zwar: Durch schmutzige Scheiben bespähen die fünf detektivischen Freunde den neuzugezogenen Nachbarn, von dem keiner so genau weiss, was er treibt und woher er kommt; der Mann bellt in einer fremden Sprache Kommandos in ein Funkgerät und zieht danach eine Plane von einer Kiste – Maschinengewehre!

Die Tobelrealität ist eine andere, etwa beim Grossen Giessen, dem Wasserfall, den man bald erreicht: Es waltet totaler Friede. Weiter hinten warten zwei Türme. Sie wurden im 19. Jahrhundert angelegt, die Kraft des Baches via ein Räderwerk im Turminneren auf Drahtseile zu übertragen und abwärts zu den Fabriken zu leiten – eine Art Skilift ohne Bügel.

Unweit von Bäretswil dann, wo die Wanderung endet, geht es unter dem Viadukt der Uerikon-Bauma-Bahn (UEBB) hindurch. Lanciert hatte sie der Eisenbahnbaron Adolf Guyer-Zeller. Guyer-Zeller war auch der Begründer der Jungfraubahn. Und er projektierte die über den Ofenpass führende Ofenbergbahn, Teil einer Verbindung Chur – Triest, die «Engadin-Orientbahn» geheissen hätte, wenn sie denn realisiert worden wäre.

Guyer-Zeller starb 1899. Zwei Jahre später startete die UEBB. Kein grosser Erfolg, wurde sie nach einem knappen halben Jahrhundert eingestellt. Seither dient das Trassee Nostalgiedampffahrten. In Vergessenheit geraten ist der Übername: Im Volk hiess die UEBB nur «Überbeibahn».

Hin und zurück: Die Haltestellen Kempten Talhof und Bäretswil Bahnhof sind per Bus mit Wetzikon verbunden.
Höhendifferenz: 150 Meter aufwärts.

52 Gottfater und Suon

Von Flums auf den St. Georgenberg und retour in 2 Stunden
Karte auf der Seite 134

Nah Flums erhebt sich als felsiger Solitär der St. Georgenberg fast 150 Meter hoch aus der Ebene. Das weisse Kapellchen auf seinem Rücken sieht (zur Linken) jeder, der von Zürich nach Chur fährt. Es ist die älteste Kirche weitherum. Was man von fern nicht sieht: Dies Baudenkmal der Romanik hat – eine Rarität! – zwei Schiffe.

Grund genug für eine Wanderung. Im November ging ich vom Bahnhof Flums ins Dorf Berschis. Beim alten Herrn Giger bezog ich zwei Schlüssel, einer davon so lang wie meine Hand. Vom Dorfkern steuerte ich aufwärts Richtung St. Georgenberg. Beim Schild «Grotte» bog ich rechts ein, wählte bei der nächsten Verzweigung den linken Pfad und kam zu einer Lourdesgrotte. Kurz verweilte ich, nahm dann den Waldweg. Wenig später war ich oben, würdigte die Churfirsten, fasste die Kirche ins Auge, rekapitulierte, was ich zuvor gelesen hatte: Auf dieser Naturfestung lebten schon in der Jungsteinzeit Menschen. Die Zisterne wurde wie der Treppenweg in der spätrömischen Zeit angelegt. Die Kirche entstand vor gut 1000 Jahren. Freilich war sie damals schmaler; sie verdoppelte ihre Breite im 17. Jahrhundert, indem sie das angegliederte Eremitenhaus «schluckte». Was auch das zweite Schiff erklärt.

Ich trat ein ins schlichte Gotteshaus und fand einen fast quadratischen Raum vor. Er war streng zweigeteilt. Linkes Schiff: Holzbänke. Nackte Wände. Flache Holzdecke. Über dem Altar ein Bild des heiligen Georg, des Drachentöters. Rechtes, ursprüngliches Schiff: Holzbänke. Über dem Altar der gekreuzigte Christus. Ein Dach aus einzelnen Gewölben, getragen von Pfeilern. Und an einer Wand Petrus mit dem Himmelsschlüssel und daneben das christliche Bekenntnis: «Ich gloub in Gottfater den Allmechtigen Schopfer himels und der erden und in sin einigen Suon.»

Ich sass und genoss, es war still und kalt in der Kapelle, ich war allein mit etwas Kraftvollem. Zu guter Letzt aber schloss ich den Turmraum auf und folgte mit Vergnügen Herrn Gigers Empfehlung: Ich zog an den zwei Seilen und läutete ausgiebig die Glocken. Ich war an jenem schönen Sonntagvormittag also der Glöckner von St. Georgen.

Höhendifferenz: Auf- und abwärts je 150 Meter.
Gehzeit: In den 2 Stunden sind der Halt bei der Lourdesgrotte und die Kapellenbesichtigung mitgerechnet.
Kapelle: Schlüssel bei Familie Giger, Berschis, 081 733 29 38.
Einkehr: Die «Linde» in Berschis ist sehr empfehlenswert. Dienstag und Mittwoch geschlossen. 14 bis 17 Uhr geschlossen.

Anmerkungen zu den Karten

Sämtliche Karten im Kartenteil sind im Massstab 1:50 000 gehalten; zwei Zentimeter entsprechen also einem Kilometer. Die Ausrichtung der Karten ist die übliche: oberer Buchrand gleich Norden, unterer Buchrand gleich Süden. Bei der Schreibweise einzelner Flurnamen kann es, da Varianten existieren, zu Abweichungen zwischen Kolumne und zugehöriger Karte kommen.

Bei den Winterwanderrouten 1 bis 12 sind vor Ort Abweichungen gegenüber der Karte möglich, da die Touristiker einzelne Wege je nach Schneeverhältnissen jede Saison anders spuren. Man beachte die Signalisation im Gelände: Winterwanderwegweiser und die dazugehörigen Pfosten und Stangen sind in der Regel pink. Allerdings halten sich nicht alle Regionen an die Konvention. Viele Tourismusgebiete bieten Gratisbroschüren mit den aktuellen Schneerouten.

Sicherheit und Planung: Man wandere möglichst nicht allein, weiche nicht unmotiviert vom signalisierten Weg ab, gehe generell keine Risiken ein und nehme Anzeichen von Schwäche jederzeit ernst. Und man wandere nie ohne ausreichend warme Kleidung und Proviant (Esswaren und Getränke). Ein Handy kann in der Not helfen (versagt aber oft genau dann). Für den Abstieg, speziell in gerölligem oder feuchtem Gelände, sind Teleskopstöcke empfehlenswert. Nützlicher als ein Kompass ist meist ein Höhenmesser. Im übrigen lohnt es sich, auf www.sbb.ch die Rückreise zu planen, bevor man loswandert, da – vor allem in den Bergen – manche Buslinien nur spärlich bedient sind.

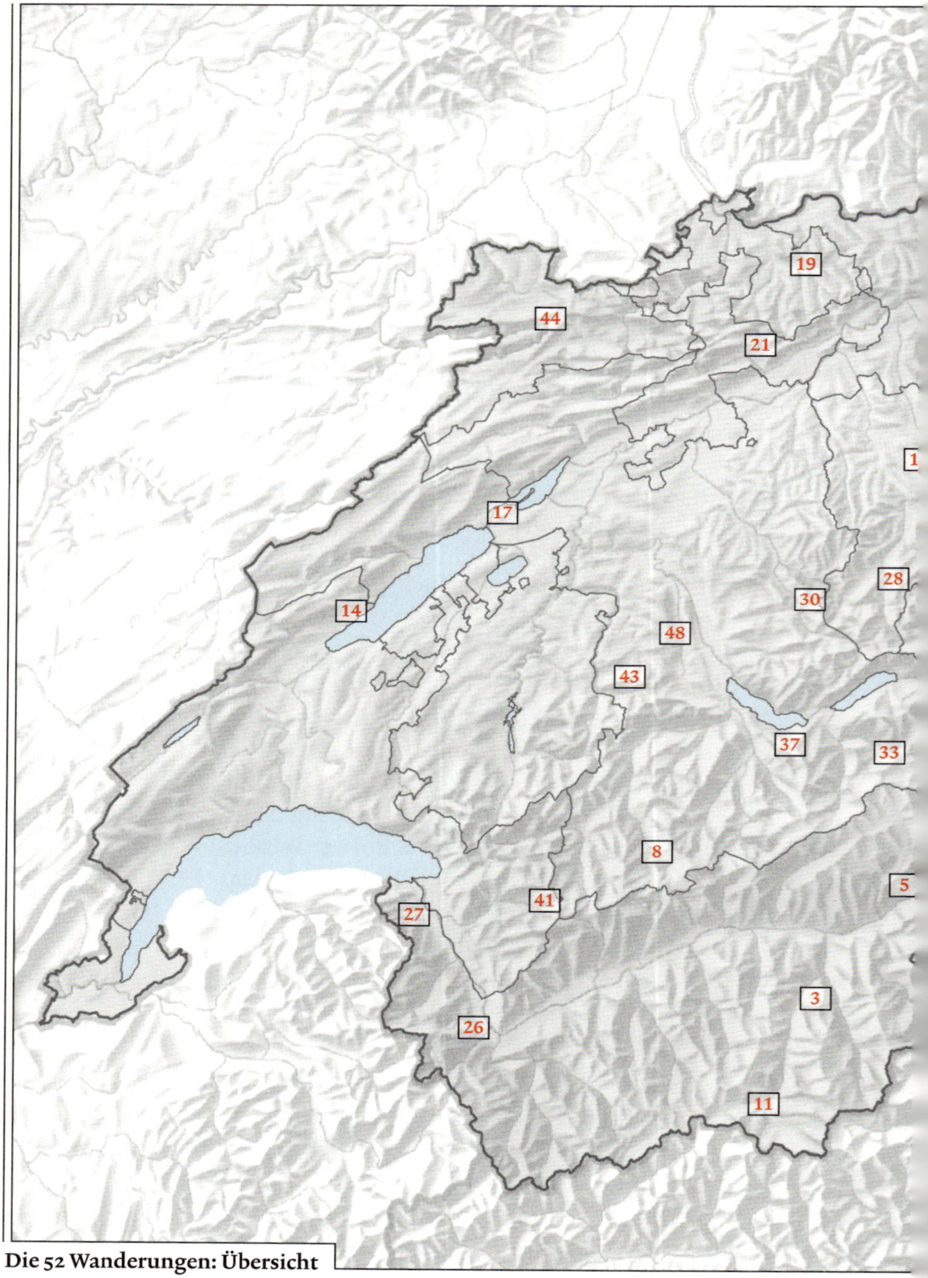

Die 52 Wanderungen: Übersicht

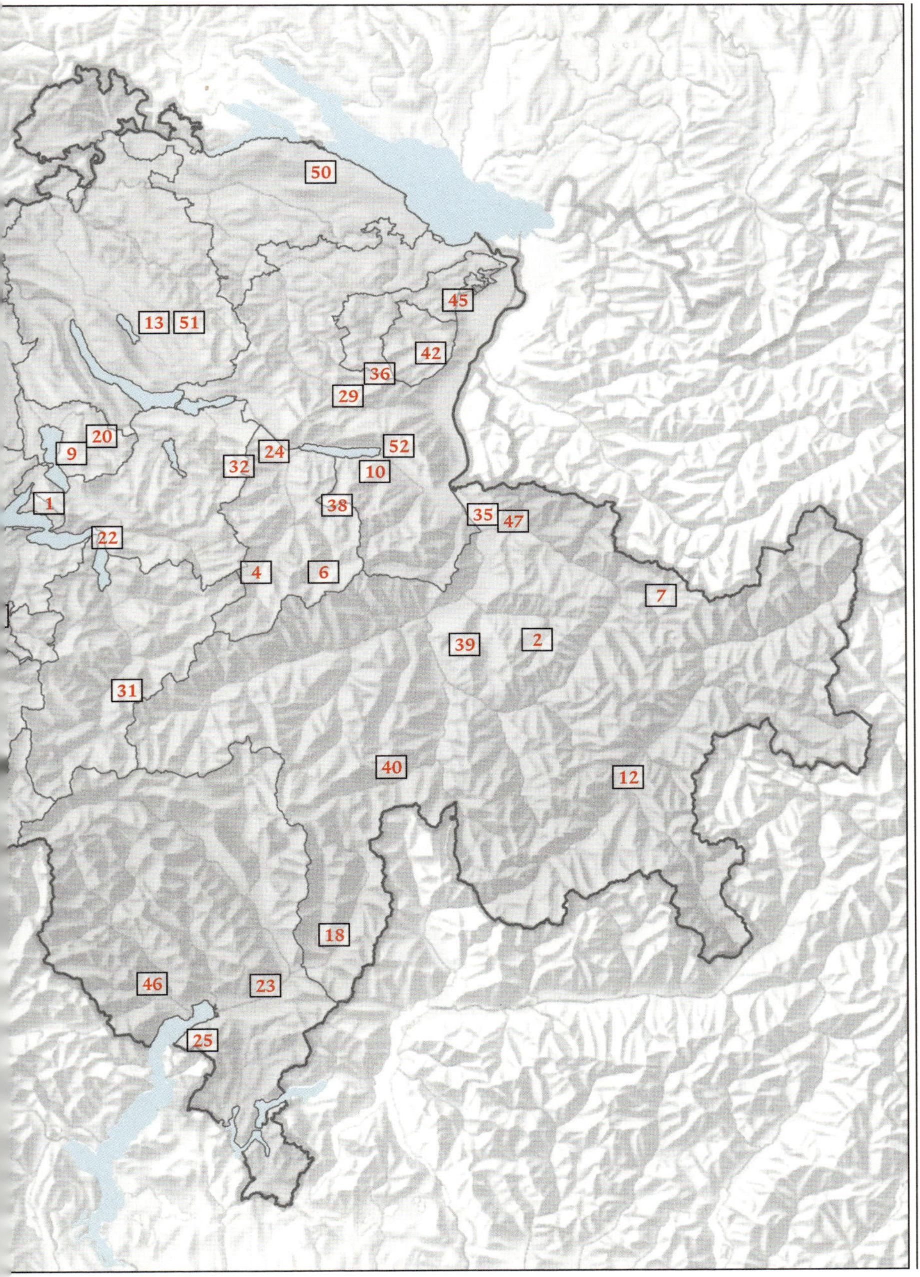
50
45
13
51
42
36
29
20
9
24
52
32
10
1
38
35
47
22
4
6
7
39
2
31
40
12
18
46
23
25

1 – Von Rigi Scheidegg nach Rigi Kulm – *Text auf Seite 21*
Start: Luftseilbahn-Bergstation *(Restaurant)* / Ziel: Rigi Kulm *(Restaurant)*

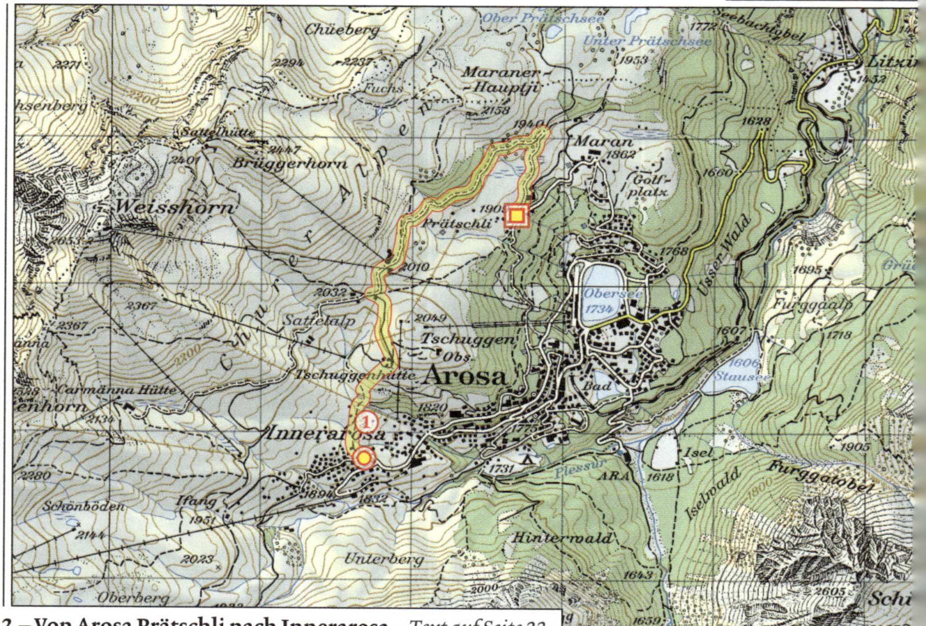

2 – Von Arosa Prätschli nach Innerarosa – *Text auf Seite 22*
Start: Prätschli *(Bus)* / Ziel: Gada *(Bushaltestelle)* / ① Bergkirchli

3 – Von Grächen nach Hohtschugge und via Bärgji retour – *Text auf Seite 23*
Start und Ziel: Grächen Post / ① Aussichtspunkt

4 – Von Braunwald zum Nussbüel und retour – *Text auf Seite 24*
Start und Ziel: Standseilbahn-Bergstation / ① Restaurant Nussbüel

5 – Von der Riederalp auf die Fiescheralp – *Text auf Seite 26*
Start: Riederalp Mitte / Ziel: Fiescheralp / ① Furri-Hütte ② Aussichtspunkt Moosfluh

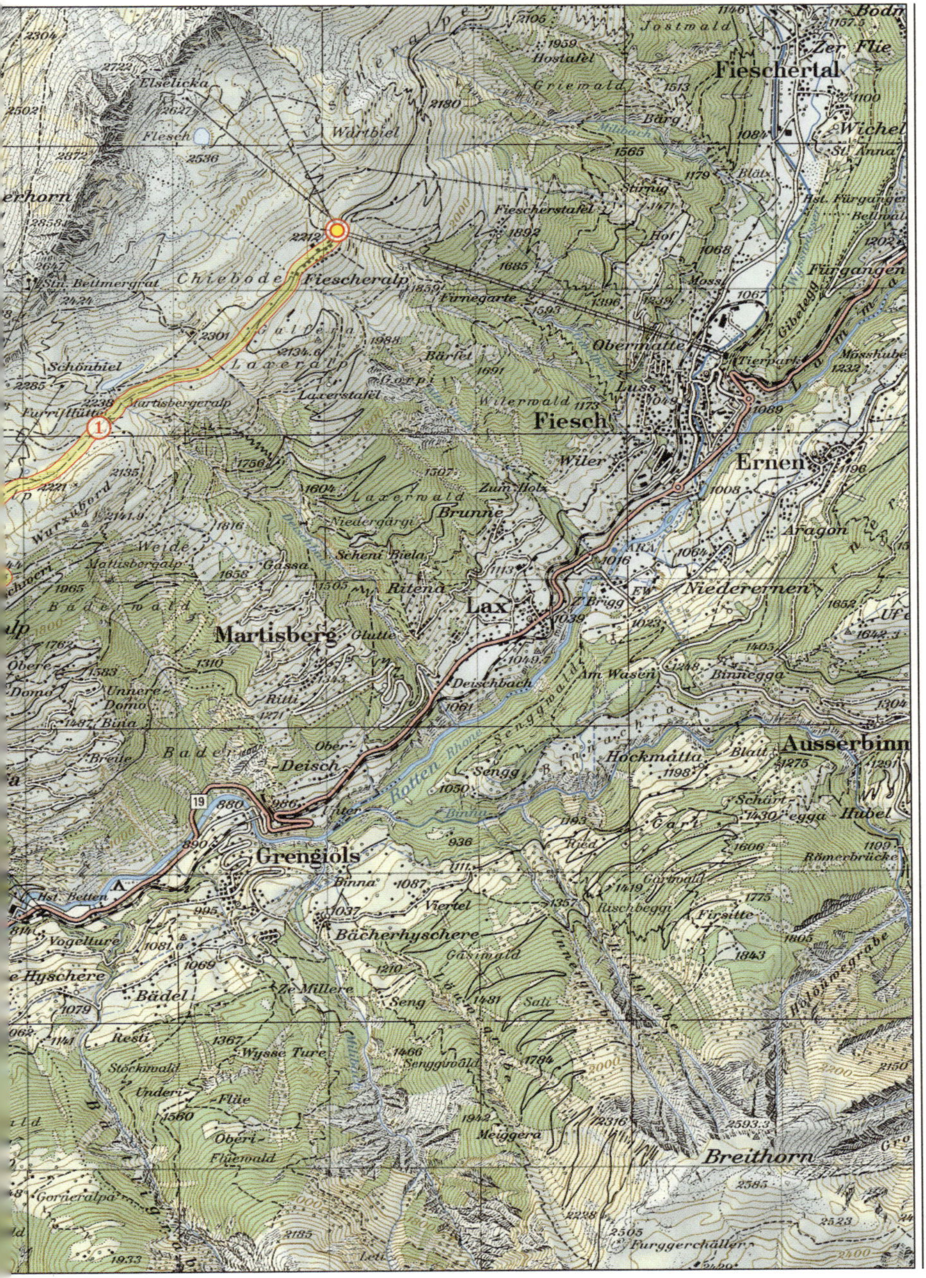
Fieschertal
Fiescheralp
Fiesch
Ernen
Lax
Martisberg
Niederernen
Ausserbinn
Grengiols
Breithorn
Brunne
Deisch
Bächerhyschere
Martisbergeralp
Laxeralp
Chiebode
Wilerwald
Binnegga
Hockmatta
Fürgangen
Tierpark
Obermatte
Wiler
Zum Holz
Ritena
Deischbach
Senggwald
Rotten Rhone
Binna
Viertel
Bädel
Resti
Wysse Ture
Meiggera
Furggerchäller
Römerbrücke
Hst. Betten
Vogelture
Stöckwald
Flüe
Schönbiel
Elselicka
Wartbiel
Fleschsee
Jostmald
Hostafel
Griemald
Fiescherstafel
Firnegarte
Bärfel
Laxerstafel
Laxerwald
Niedergärgi
Schen Biela
Gassa
Glutte
Ritti
Bäderwald
Weide
Mattisbergalp
Unnere Domo
Breite
Ober-Deisch
Aragon
Brigg
Am Wasen
Sengg
Ried
Gorpi
Luss
Stirnig
Hof
Moss
Bärg
St. Anna
Wichel
Zer Flie
Hubel
Schärt
Blatt
Firsitte
Rüschbegg
Gäsiwald
Seng
Sali
Ze Millere
Senggiwald
Underi
Oberi-Flüewald
Gorneralpa
Leti
Gibelegg
Mosshube
Wurzubord
Schönbiel
2212
2180
2105
1959
1565
1089
1049
1016
1039
1061
986
880
890
1087
1037
1050
1198
1275
1430
1606
1775
1843
2316
2593.3
2585
2523
2505
2228
2135
1933
19
1

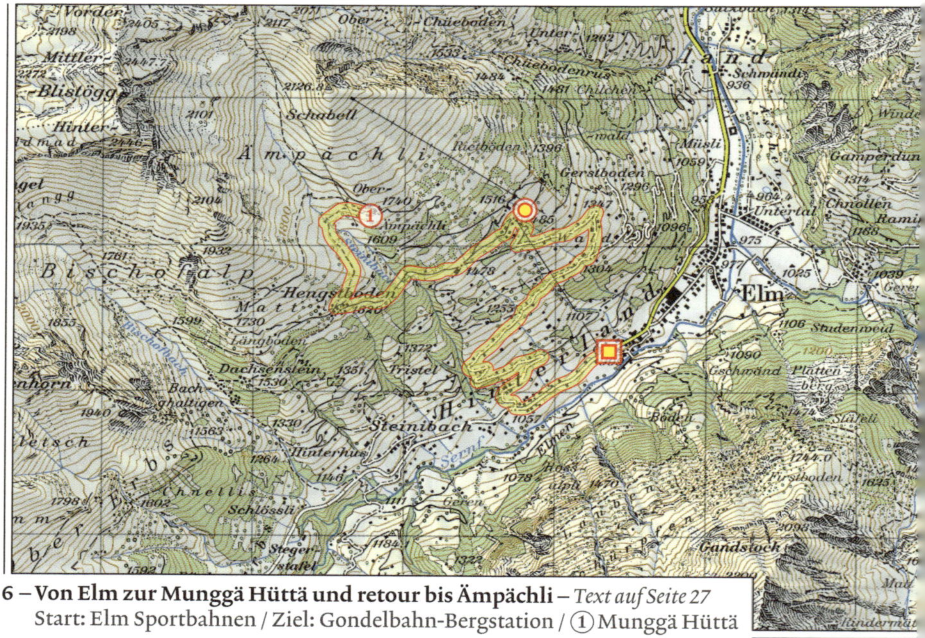

6 – Von Elm zur Munggä Hüttä und retour bis Ämpächli – *Text auf Seite 27*
Start: Elm Sportbahnen / Ziel: Gondelbahn-Bergstation / ① Munggä Hüttä

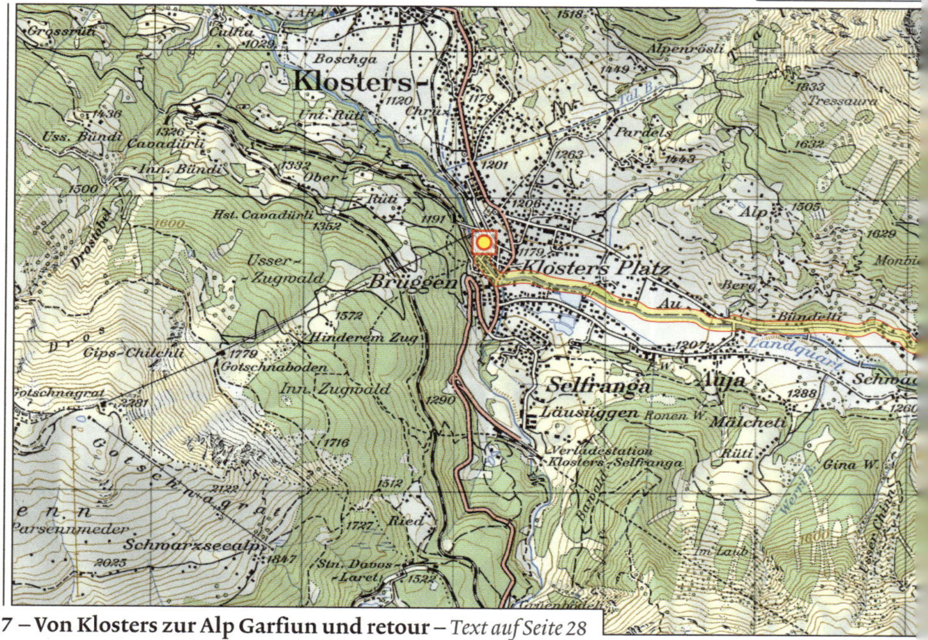

7 – Von Klosters zur Alp Garfiun und retour – *Text auf Seite 28*
Start und Ziel: Klosters Platz / ① «Alphütte Garfiun»

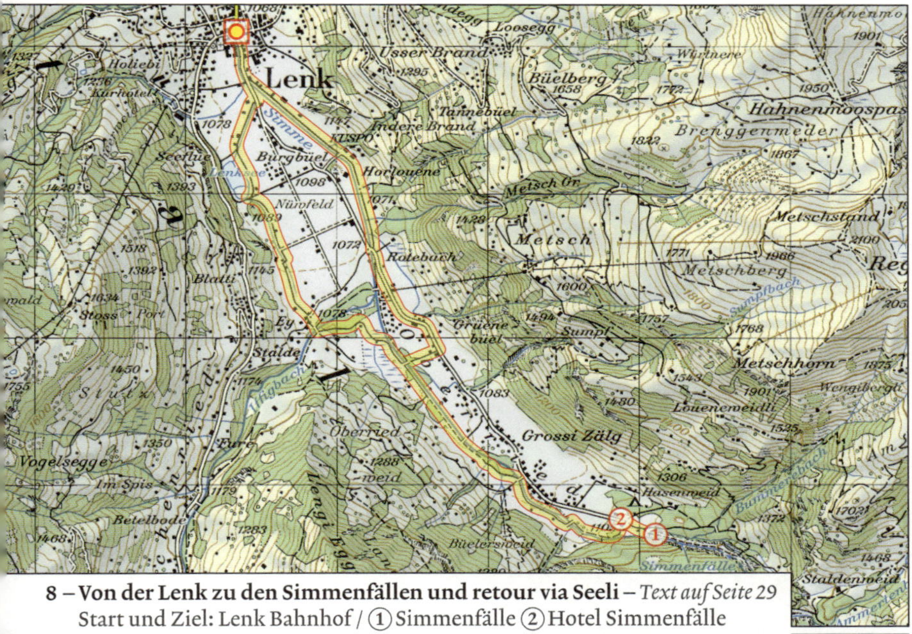

8 – **Von der Lenk zu den Simmenfällen und retour via Seeli** – *Text auf Seite 29*
Start und Ziel: Lenk Bahnhof / ① Simmenfälle ② Hotel Simmenfälle

9 – Zugerberg-Rundwanderung – *Text auf Seite 30*

Start und Ziel: Standseilbahn-Bergstation / (1) Restaurant Vordergeissboden

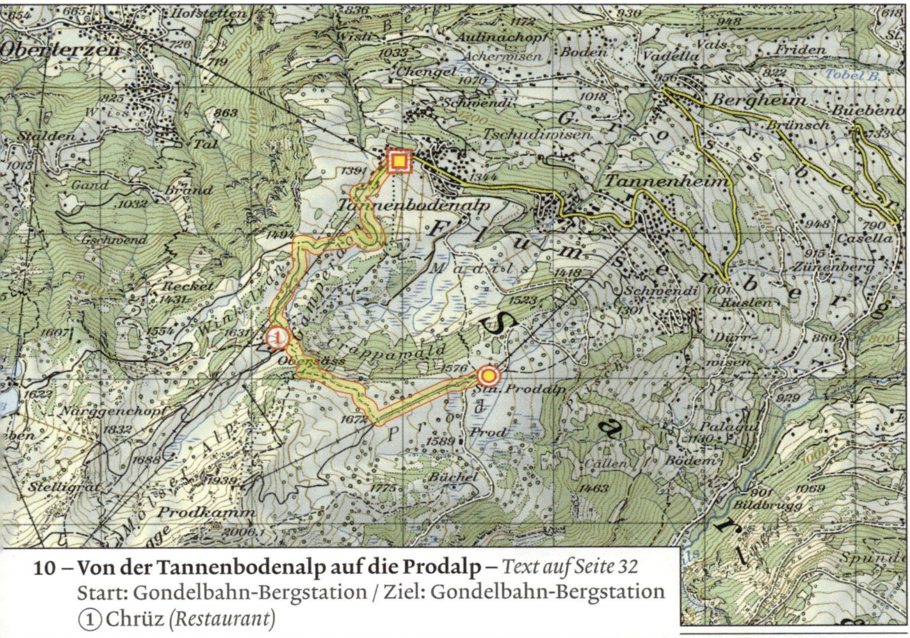

10 – Von der Tannenbodenalp auf die Prodalp – *Text auf Seite 32*
Start: Gondelbahn-Bergstation / Ziel: Gondelbahn-Bergstation
① Chrüz *(Restaurant)*

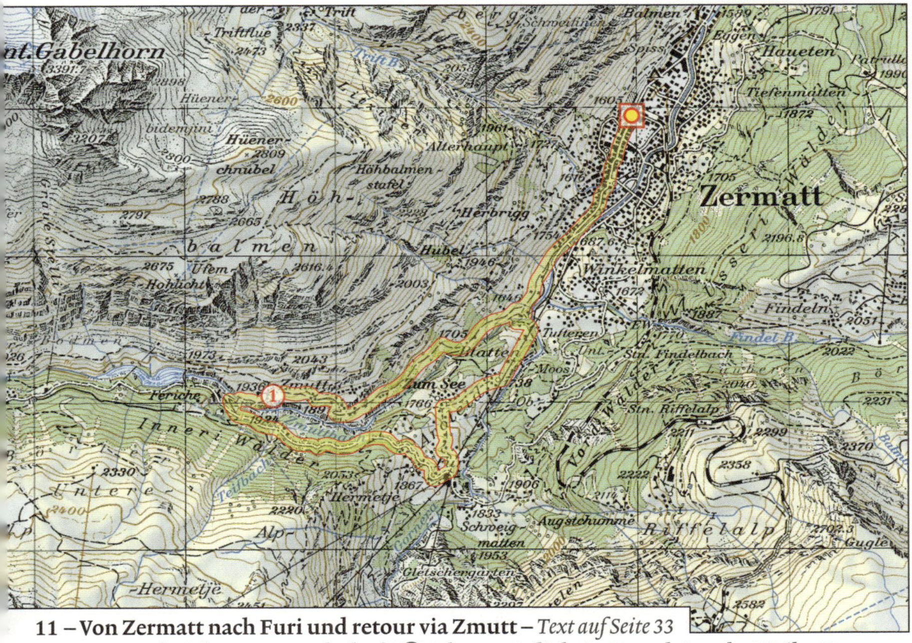

11 – Von Zermatt nach Furi und retour via Zmutt – *Text auf Seite 33*
Start und Ziel: Zermatt Bahnhof / ① Sehenswürdigkeit: Der schöne alte Weiler Zmutt

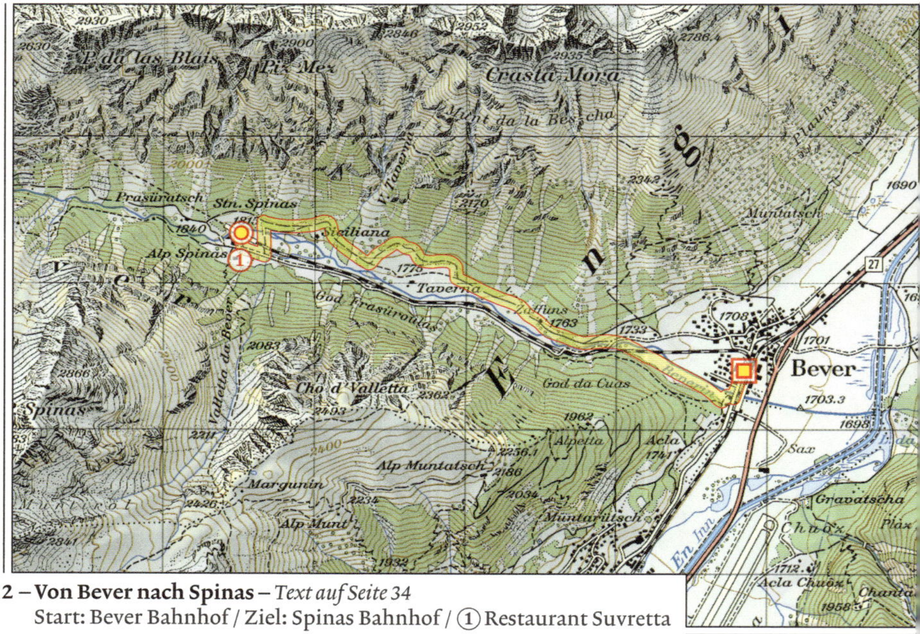

12 – Von Bever nach Spinas – *Text auf Seite 34*
Start: Bever Bahnhof / Ziel: Spinas Bahnhof / ① Restaurant Suvretta

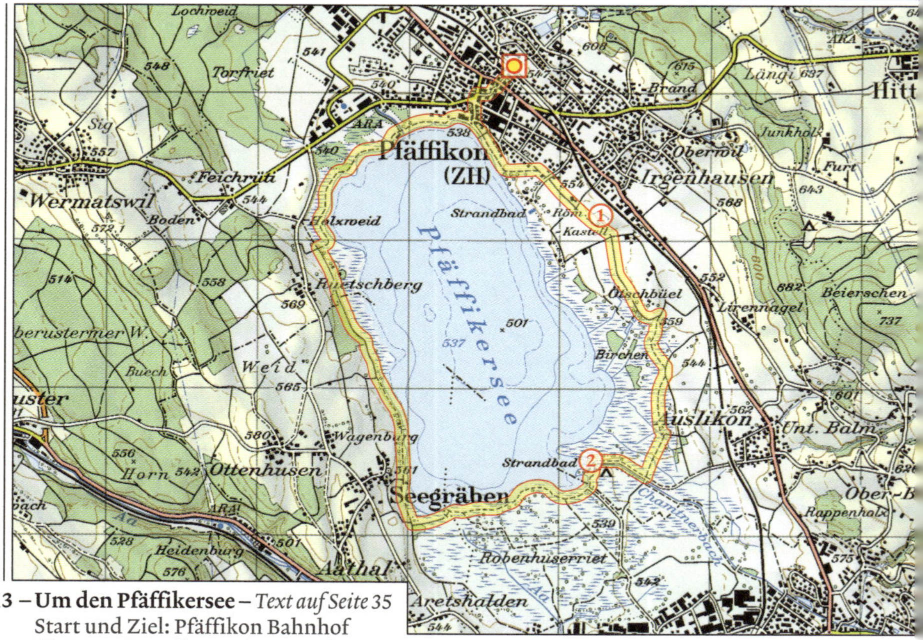

13 – Um den Pfäffikersee – *Text auf Seite 35*
Start und Ziel: Pfäffikon Bahnhof
① Römerkastell Irgenhausen ② Strandbadkiosk Auslikon

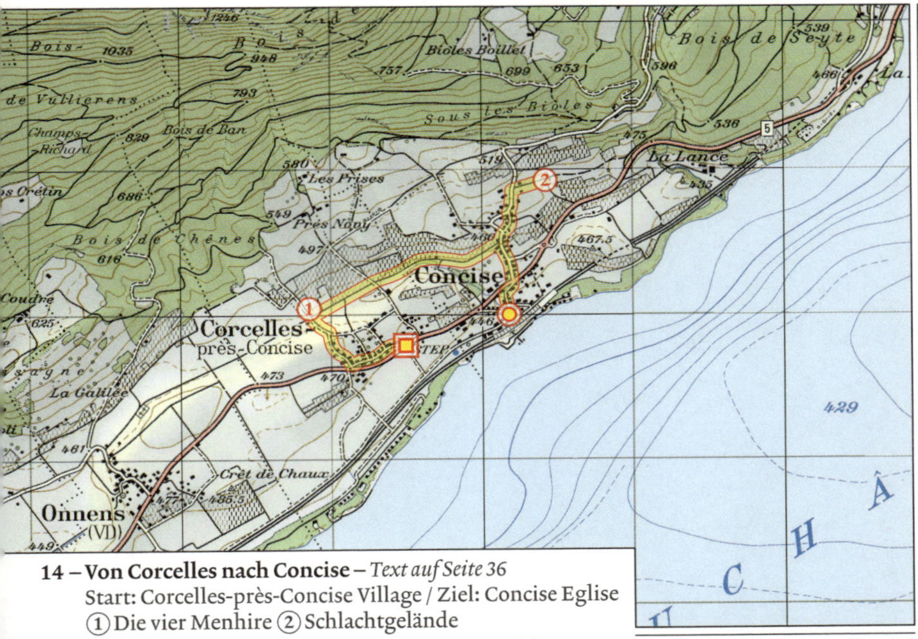

14 – Von Corcelles nach Concise – *Text auf Seite 36*
Start: Corcelles-près-Concise Village / Ziel: Concise Eglise
① Die vier Menhire ② Schlachtgelände

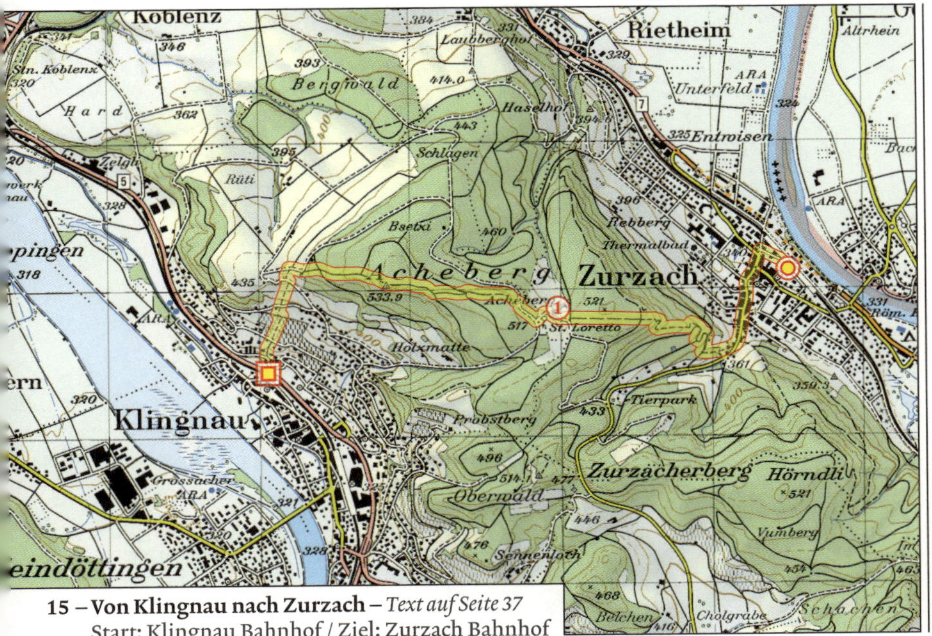

15 – Von Klingnau nach Zurzach – *Text auf Seite 37*
Start: Klingnau Bahnhof / Ziel: Zurzach Bahnhof
① Achenberg mit Kapelle und Wirtschaft

16 – Von Wauwil nach Nottwil – *Text auf Seite 39*
Start: Wauwil Bahnhof / Ziel: Nottwil Bahnhof

Schaubere
Zollhus
Allmend
Buholz
Hofstette
Tann
Tannberg
St. Erhard
Surseerwald
Chommlerbach
Sursee
Zellfeld
Hitzlige
Mauesee
Schloss
Bognau
Chotte
Greuel
Mariazell
Schen
Sursee
Strandbad
Seehäusern
Unt. Leidenberg
Dögelzwil
Oberkirch
Brand
Liebergott
Höhe
Renzligen
Längass
St. Margrete
Sempa
Sigerswil
Iflikon
Paraplegikerzentrum
Strandbad
Nottwil
Schloss
Büel
Ei
Grosshus
Tannefels
Spanere
Bluemeberg
Stöcke
Gustibergwald
Gattwil
Ober Bärnere
Nottelerberg
Meieberg
Luternau
Buttisholz
Zinzersiwil
Allmend
Figlisberg
Huprächti

17 – Von Gampelen nach Erlach – *Text auf Seite 40*
Start: Gampelen Station / Ziel: Erlach Post
① Aussichtspunkt über Erlach und dem Bielersee

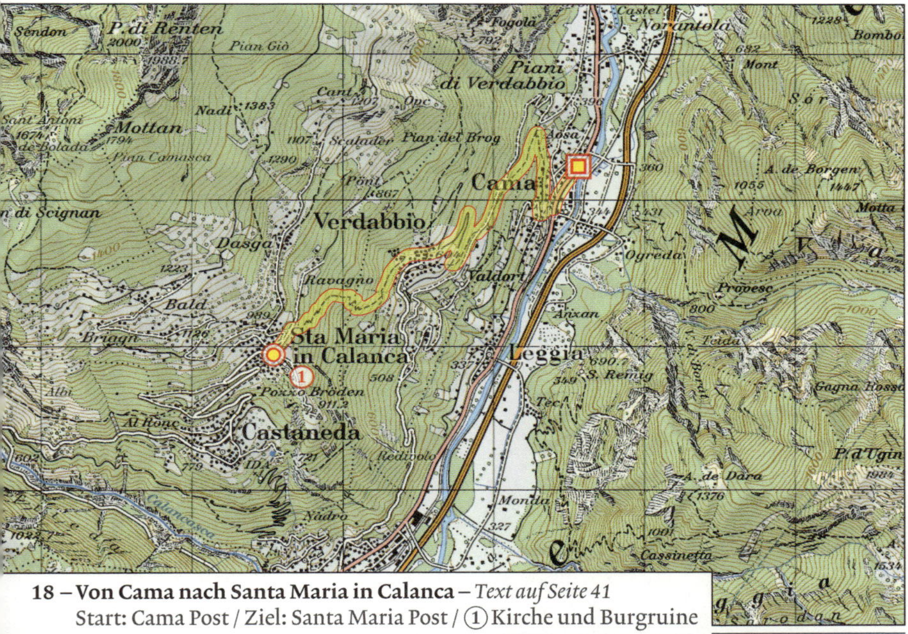

18 – Von Cama nach Santa Maria in Calanca – *Text auf Seite 41*
Start: Cama Post / Ziel: Santa Maria Post / ① Kirche und Burgruine

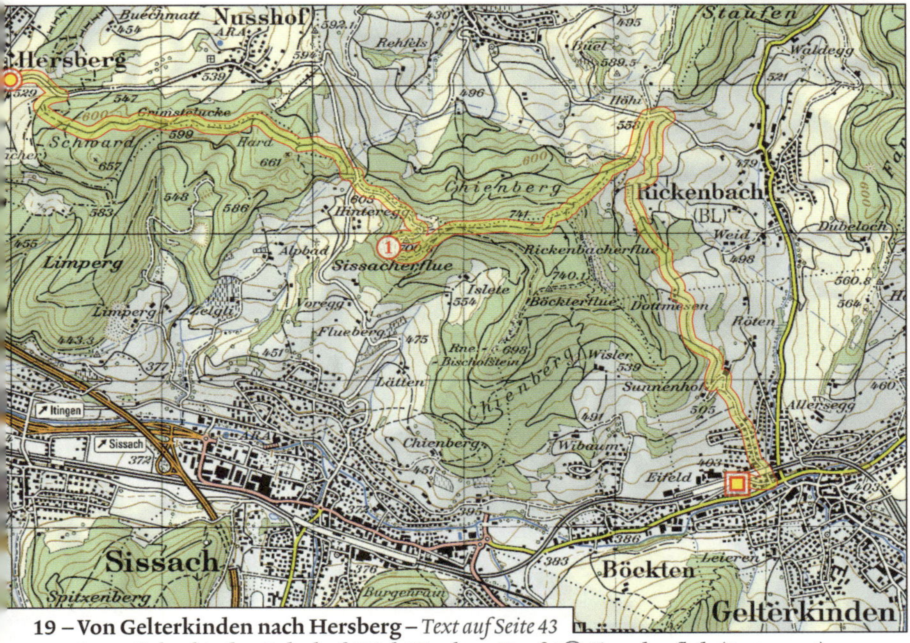

19 – Von Gelterkinden nach Hersberg – *Text auf Seite 43*
Start: Gelterkinden Bahnhof / Ziel: Hersberg Dorf / ① Sissacherfluh *(Restaurant)*

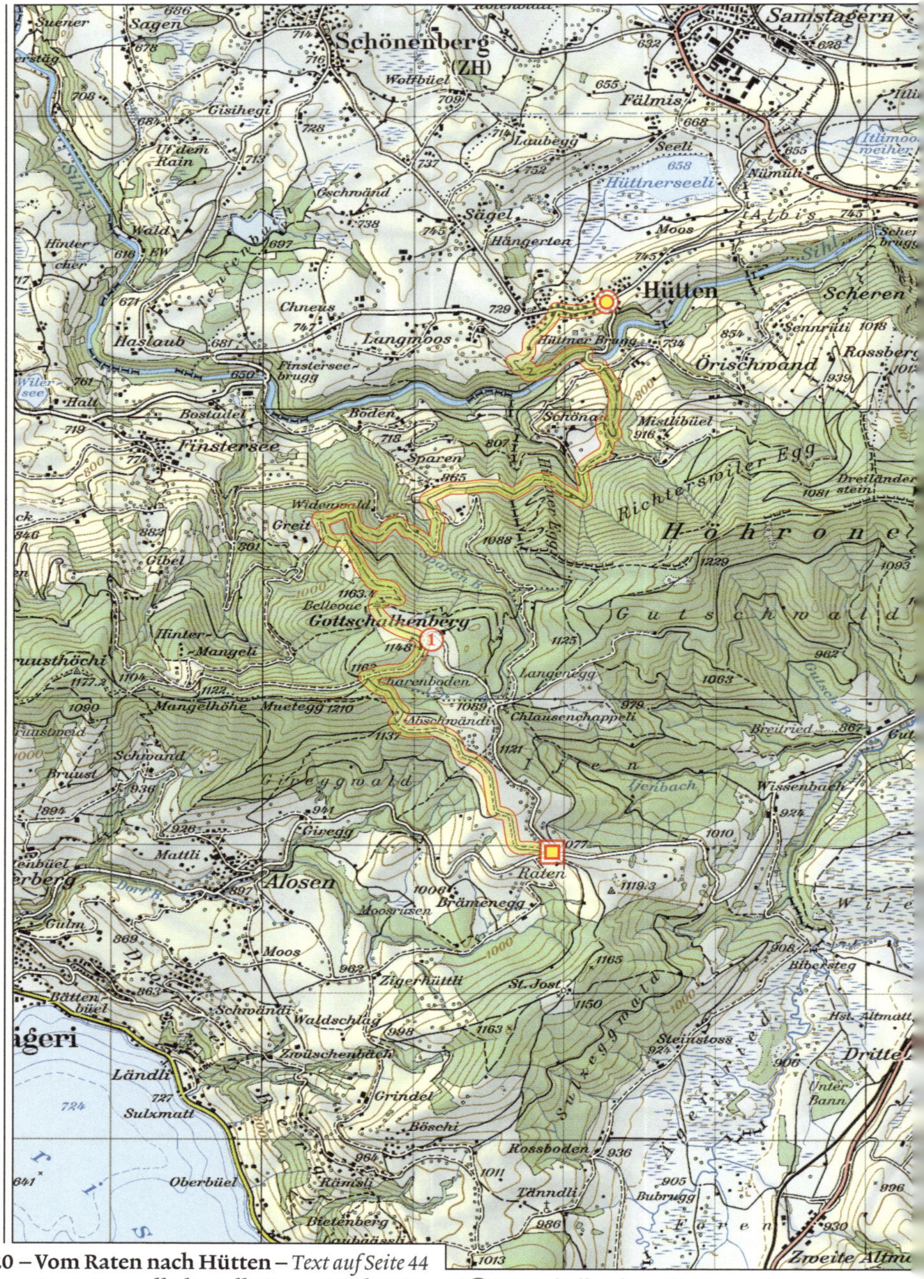

20 – Vom Raten nach Hütten – *Text auf Seite 44*
Start: Busendhaltestelle Raten / Ziel: Hütten / ① Gottschalkenberg *(Restaurant)*

21 – Von Balsthal auf die Wasserfallen – *Text auf Seite 45*
Start: Bahnhof Balsthal / Ziel: Gondelbergstation
① Wirtschaft Bremgarten ② «Alpenblick»

22 – Von Sisikon nach Brunnen – *Text auf Seite 46*
Start: Bahnhof Sisikon / Ziel: Bahnhof Brunnen

23 – **Von Monte Carasso nach Mornera** – *Text auf Seite 47*
Start: Monte Carasso/Orenno / Ziel: Seilbahn-Bergstation Mornera / ① San Bernardo

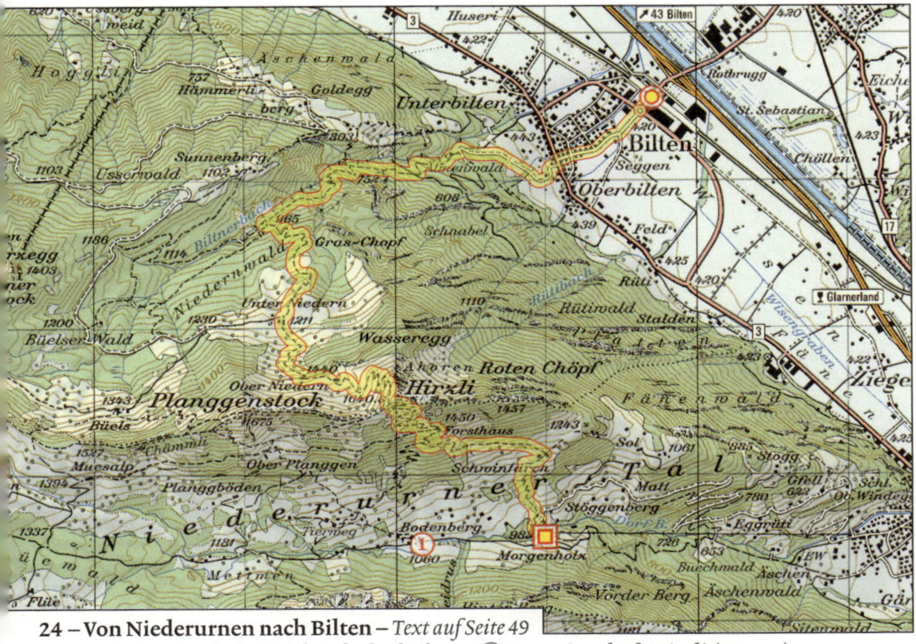

24 – **Von Niederurnen nach Bilten** – *Text auf Seite 49*
Start: Morgenholz / Ziel: Bahnhof Bilten / ① Bergwirtschaft Hirzli *(Umweg)*

25 – Von San Nazzaro nach Indemini – *Text auf Seite 50*
Start: San Nazzaro Bahnhof / Ziel: Indemini
① «Sass da Grüm» ② Bewirtete Alpe Cedullo ③ Kapelle Sant'Anna

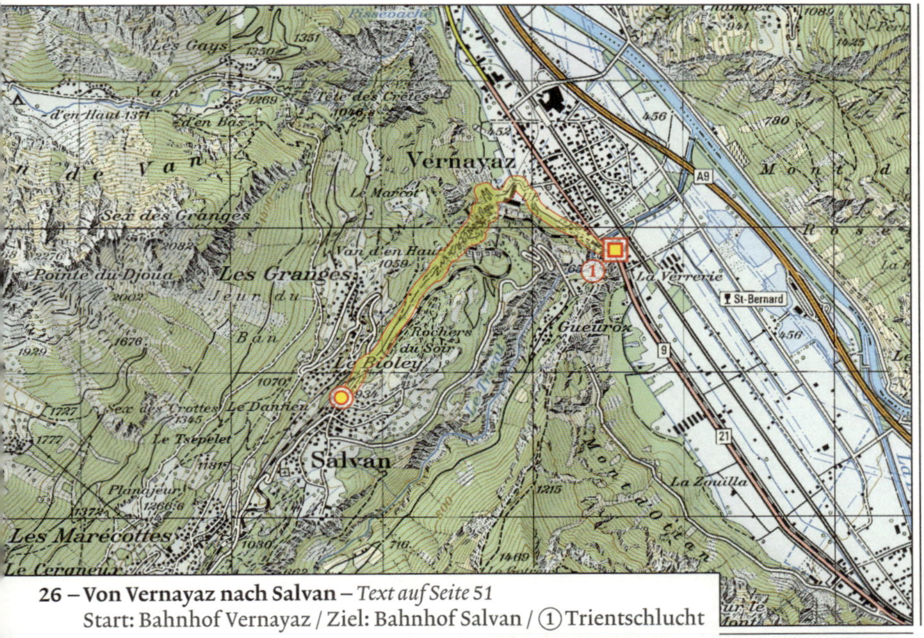

26 – Von Vernayaz nach Salvan – *Text auf Seite 51*
Start: Bahnhof Vernayaz / Ziel: Bahnhof Salvan / ① Trientschlucht

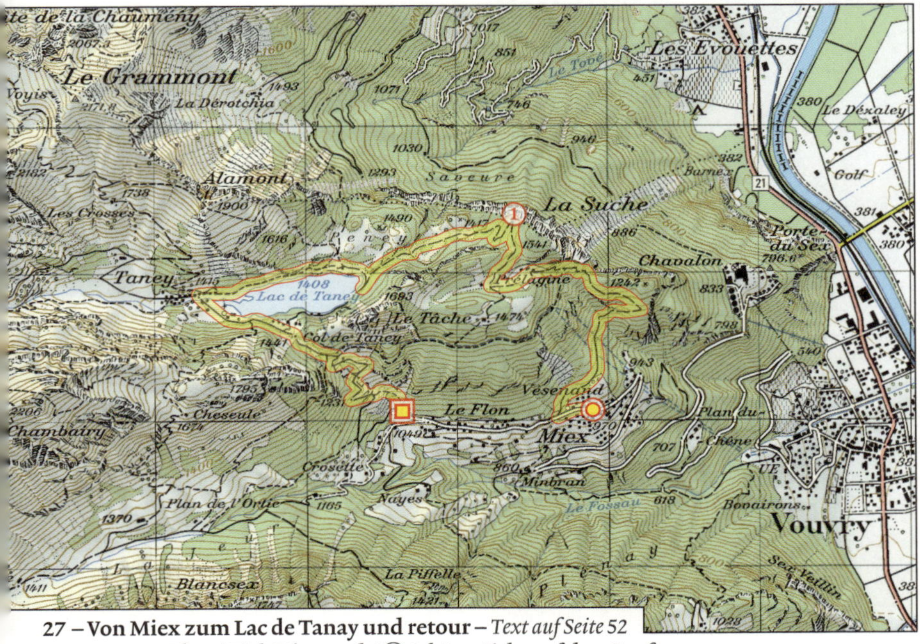

27 – Von Miex zum Lac de Tanay und retour – *Text auf Seite 52*
Start: Le Flon / Ziel: Vésenand / ① Schöne Sicht auf den Genfersee

28 – Von Schüpfheim via Farneren nach Flühli – *Text auf Seite 54*
Start: Schüpfheim Bahnhof / Ziel: Flühli Post / ① Heiligkreuz *(Wirtschaft)* ② «First»

29 – Von Ennetbühl nach Nesslau – *Text auf Seite 55*
Start: Bernhalde / Ziel: Bahnhof Nesslau/Neu St. Johann

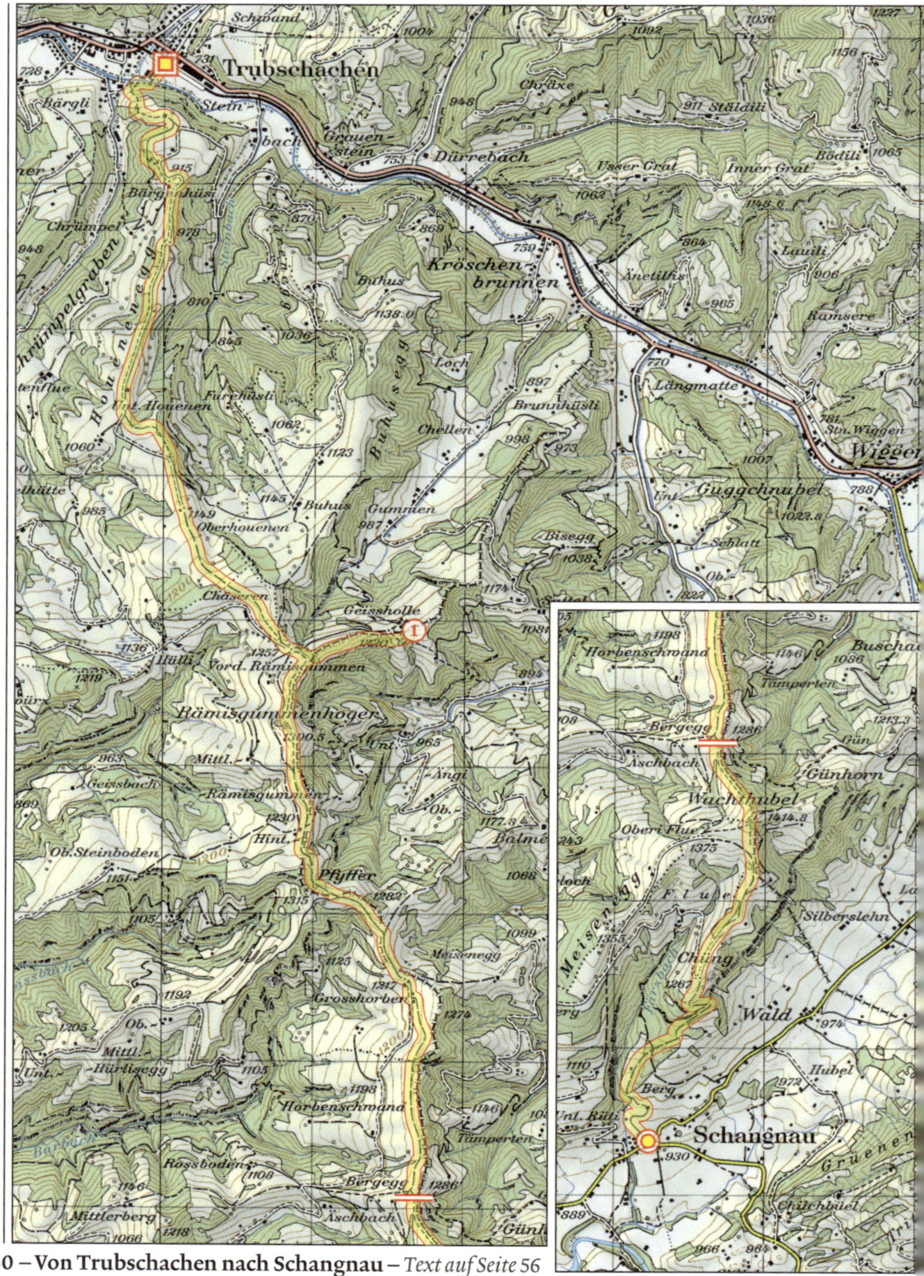

30 – Von Trubschachen nach Schangnau – *Text auf Seite 56*
Start: Trubschachen Bahnhof / Ziel: Schangnau Post / ① «Erika»

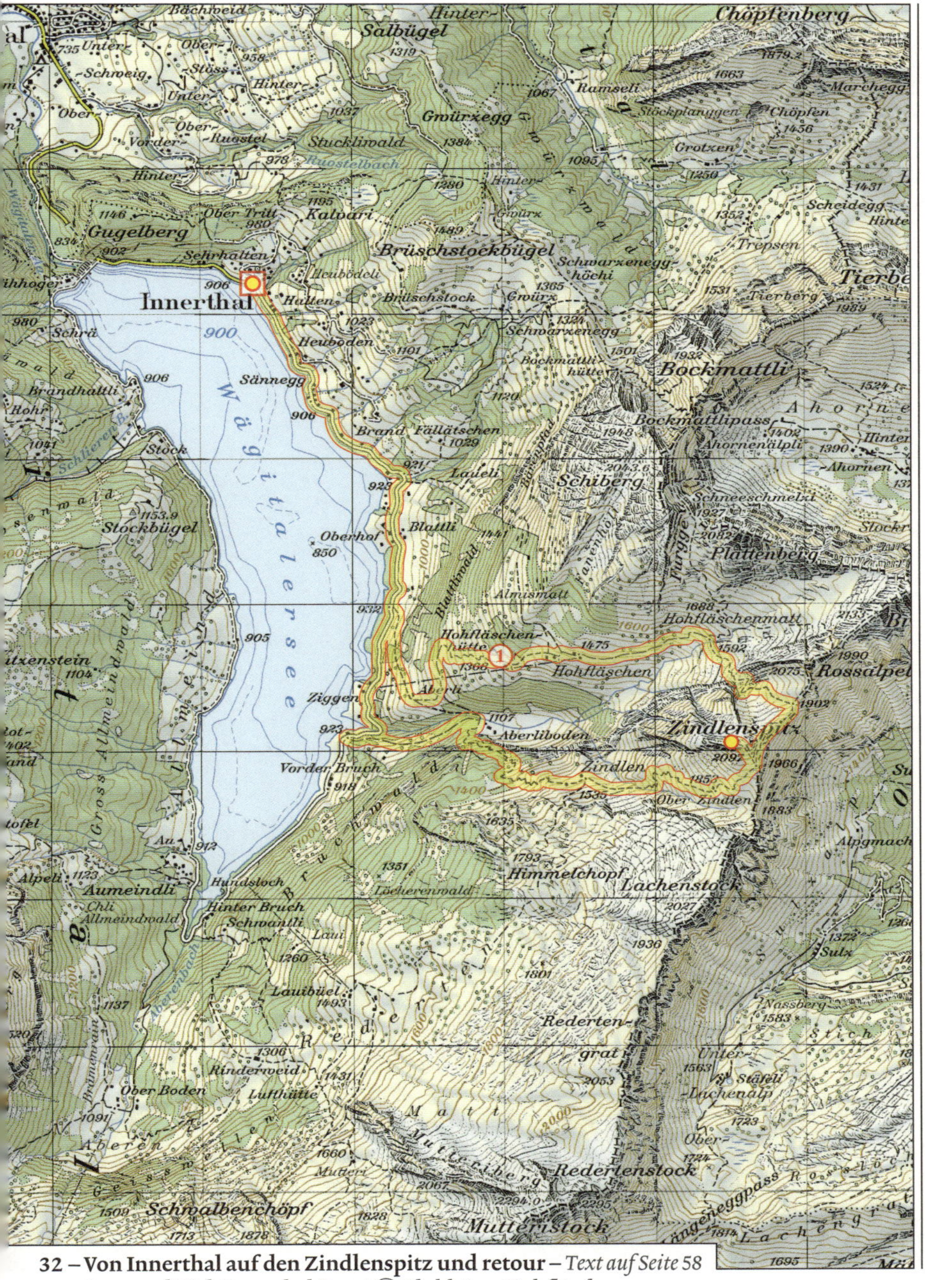

32 – **Von Innerthal auf den Zindlenspitz und retour** – *Text auf Seite* 58
Start und Ziel: Innerthal Post / ① Klubhütte Hohfläschen

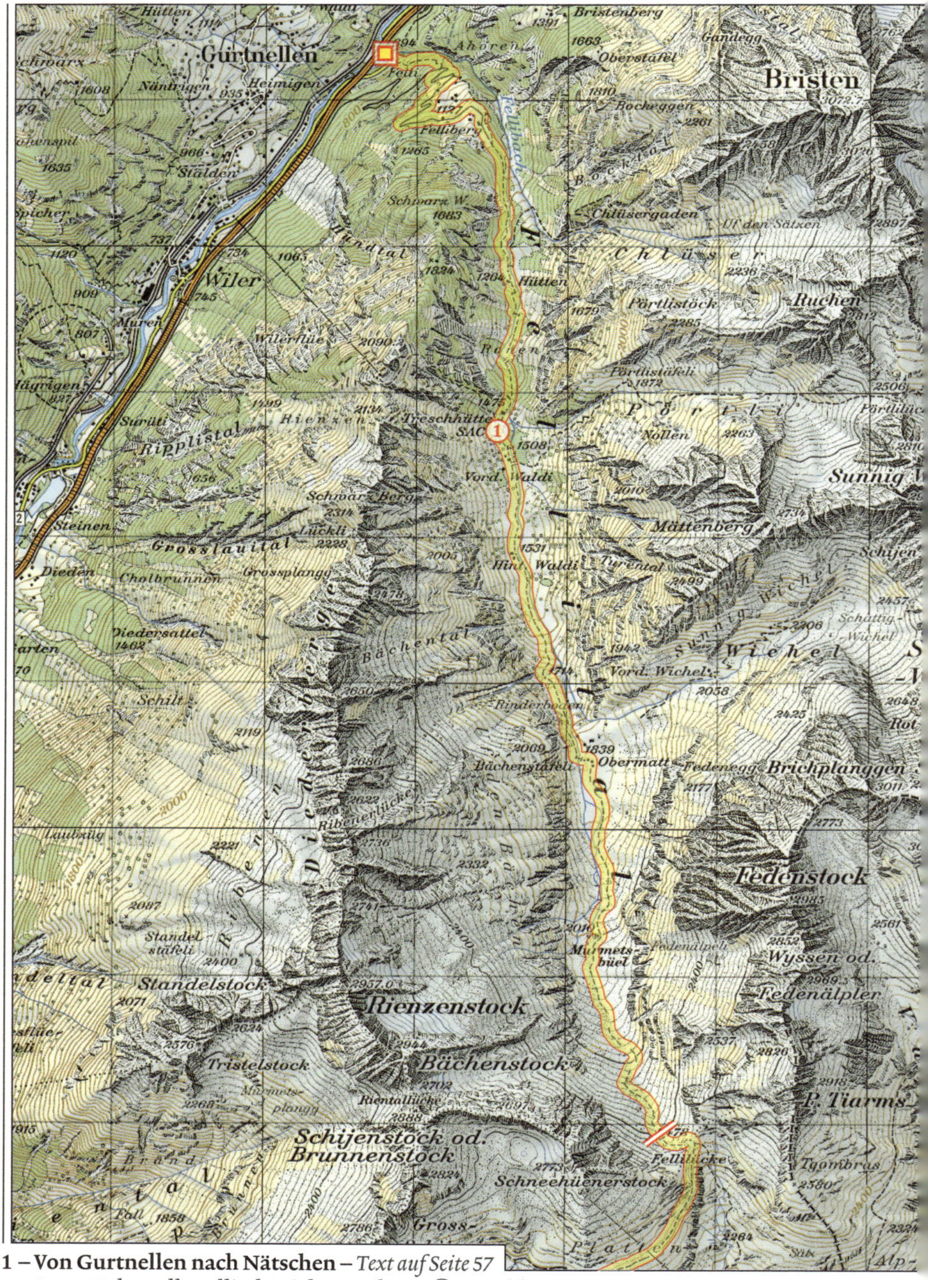

31 – Von Gurtnellen nach Nätschen – *Text auf Seite 57*
Start: Haltestelle Fellital / Ziel: Nätschen / ① Treschhütte

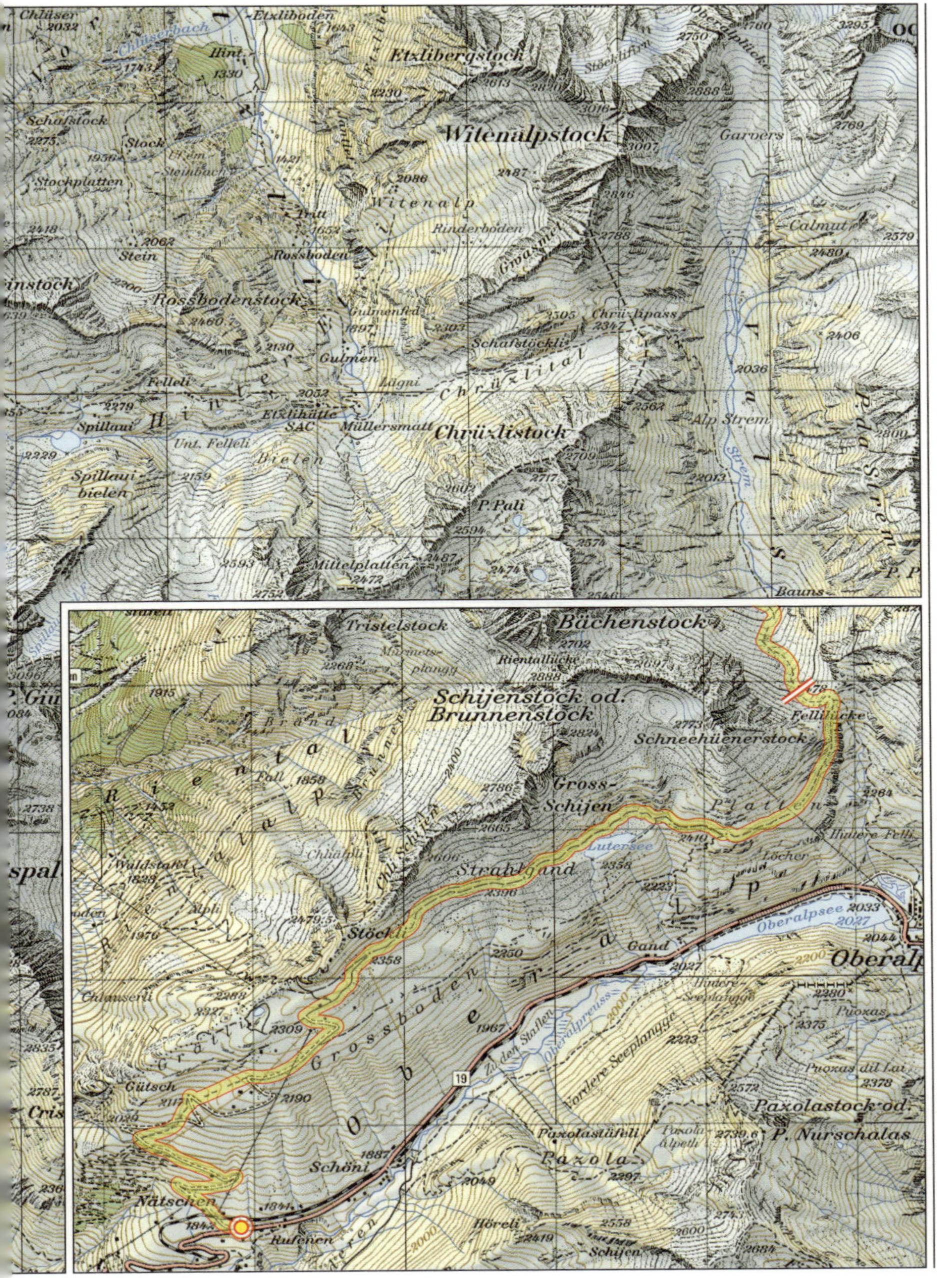

Chlüser
2032
Chlüserbach
Etzliboden
Hinti
1330
Etzlibergstock
Schafstock
2275
Stock
1956
Stockplatten
Witenalpstock
3007
Garvers
2769
Witenalp
2086
2487
Rinderboden
Gwasmet
2788
Calmut
2579
2418
2062
Stein
Rossboden
Rossbodenstock
Gulmenfed
Chrüzlipass
2347
Schafstöckli
2406
2460
2130
Gulmen
Chrüzlital
2036
Felleli
2279
2052
Etzlihütte
SAC
Spillaui
Müllersmatt
Chrüzlistock
2562
Alp Strem
Unt. Felleli
Bielen
2229
Spillaui-
bielen
2159
2709
2717
2013
Strem
Piz da Strem
2800
P. Pali
2594
2593
Mittelplatten
2487
2474
2472
2574
Bauns
Tristelstock
Bächenstock
2702
Rientallücke
2888
2268
Schijenstock od.
Brunnenstock
Fellilücke
2773
Schneehüenerstock
Brand
1915
Riental
Rientalalp
Fall
1858
1453
2786
Gross-
Schijen
Platten
2264
Hintere Felli
Chlialpli
Lutersee
2410
Waldstafel
1628
Strahlgand
2358
Löcher
2223
2396
Alpli
Alp
1976
2479,5
Stöckli
2358
2250
Gand
Oberalpsee
2033
2027
2044
Oberalp
2027
2280
Chlauserli
2288
2327
Grossboden
2309
1967
Oberalpreuss
Hintere Seeplangge
Puozas
2375
Zu den Stafeln
2000
2223
Oberalp
19
Vordere Seeplangge
Puozas dil Lai
2378
Gütsch
2117
2190
2572
Paxolastock od.
P. Nurschalas
Pazolastäfeli
Pazola Alpetli
2739,6
Schöni
1887
Pazola
2297
2049
Nätschen
1841
1842
Rufenen
Höreli
2419
2558
2600
Schijen
2684
2000

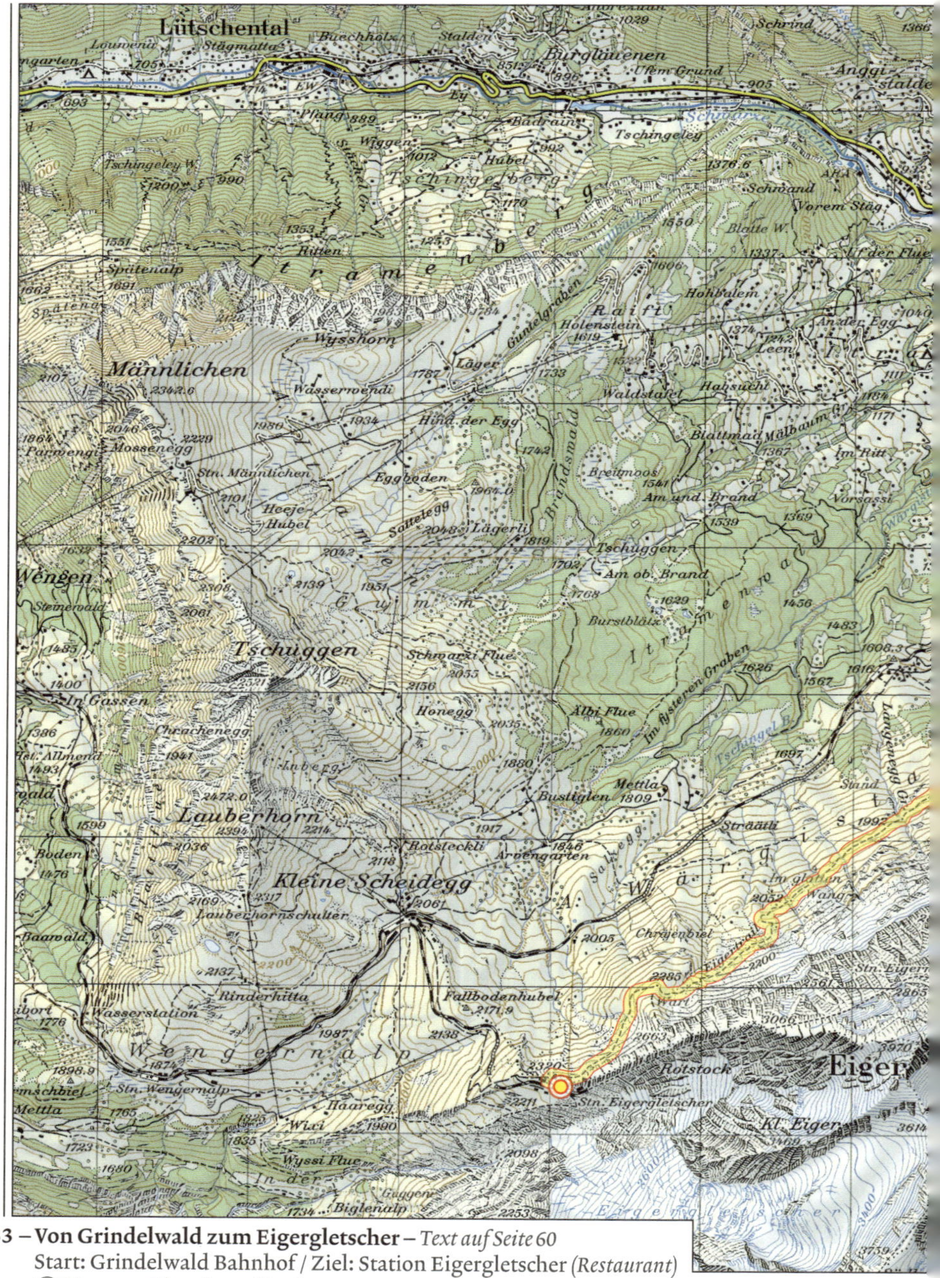

33 – Von Grindelwald zum Eigergletscher – *Text auf Seite 60*
Start: Grindelwald Bahnhof / Ziel: Station Eigergletscher *(Restaurant)*
① Eingang Gletscherschlucht

Grindelwald
Nodhalten
Bim obren Hüs
Milimatta
Weidli
Ischbodenhütte
Ischboden
Moos
Hotel Wetterhorn
Engi
Mitchbach
Oberall
Hubel
Terrassenweg
Sport-zentrum
Grund
Halten
Sulz
Rodelbahn
Pfingstegg
Mättenberg
Wärgistal
Trychelegg
Nellenbalm
Marmorbruch
Wachsel
Mättenberg
Ankenbälli
Hohturnen
Bäregg
Brunnhorn
Stieregg
Halbmond
Lägerli
Sattel
Ostegghütte
Rots Hören
Schwand
Rots Brätt
Mittellegi
Wildschl
Schlossloui
Und. Grindelwaldgletscher
Und. Ischmeer
Rots Gufer
Zäsenberg
Heissi Blatta
Obers Challiband
Fiescher
Eismeer
Ob. Bäggel
Pfaffestecki
Berglihütte SAC

34 – Von Oberrickenbach nach Melchtal – *Text auf Seite 61*
Tag 1: Start: Oberrickenbach / Ziel: Ristis
Tag 2: Start: Engelberg / Ziel: Melchtal Post

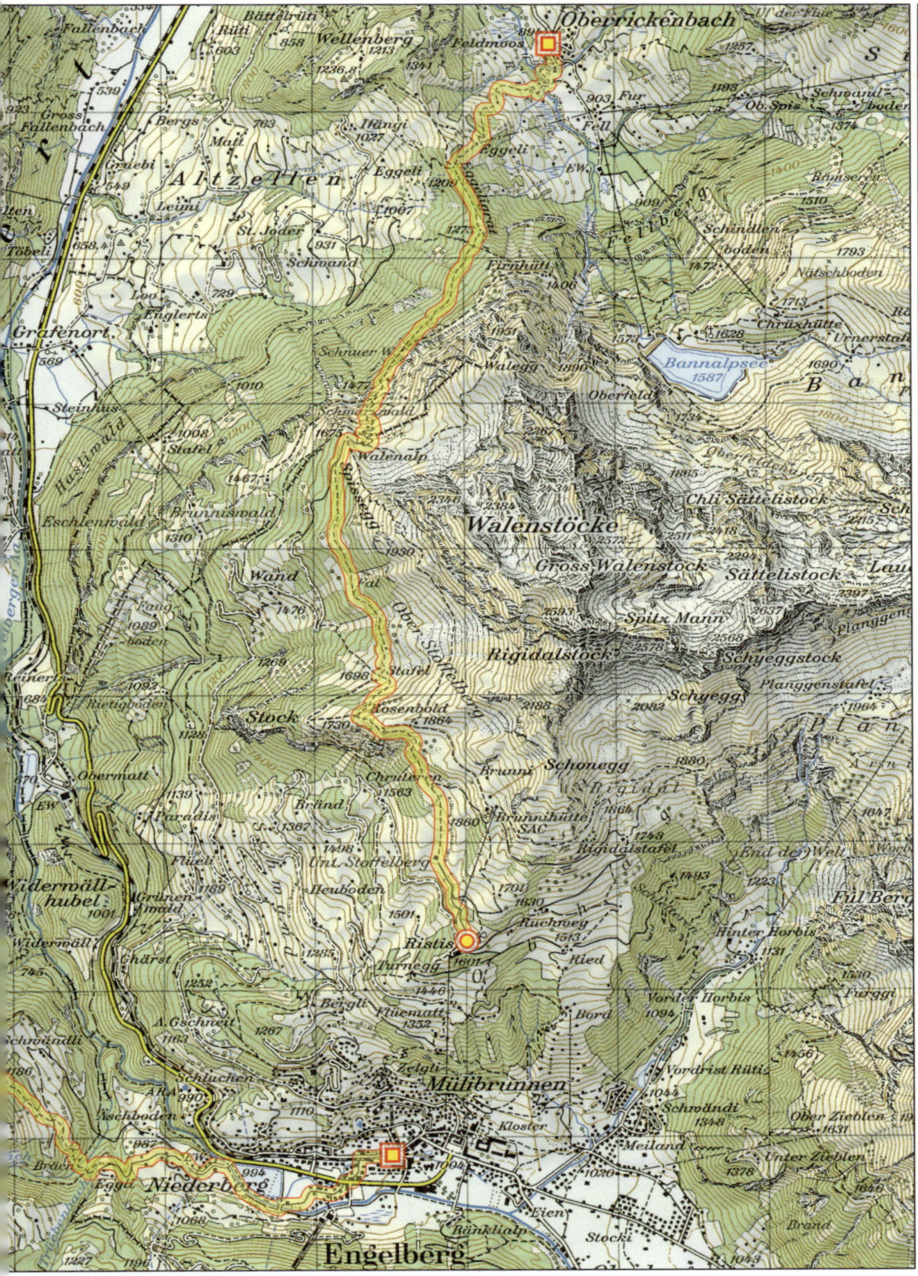
Oberrickenbach
Feldmoos
Wellenberg
Büttelrüti
Rüti
Fallenbach
Gross Fallenbach
Bergs
Matt
Hängi
Altzellen
Eggeli
Grafenort
Englerts
St. Joder
Schwand
Fell
Fur
Ob. Spis
Schwandboden
Fellboden
Rämsereu
Schindlenboden
Nätschboden
Chrüzhütte
Urnerstafel
Bannalpsee
Oberfeld
Firnhütt
Walegg
Steinhus
Haslimald
Stafel
Walenalp
Brunnismald
Eschlenwald
Wand
Walenstöcke
Gross Walenstock
Chli Sättelistock
Sättelistock
Spitz Mann
Rigidalstock
Schyeggstock
Schyegg
Planggenstafel
Stock
Rietigboden
Rosenbold
Obermatt
Paradis
Chrüleren
Bründ
Brunni
Schonegg
Brunnihütte SAC
Rigidalstafel
End der Welt
Fül Berg
Unt. Stoffelberg
Ober Stoffelberg
Flüeli
Heuboden
Widerwällhubel
Grünenwald
Ristis
Ruchweg
Hinter Horbis
Ried
Turnegg
Chärst
Bergli
Flüematt
Vorder Horbis
Furggi
A. Gschneit
Bord
Zelgli
Mülibrunnen
Vordrist Rütti
Schluchen
Schwändi
Eschboden
Kloster
Ober Ziebler
Meiland
Unter Zieblen
Niederberg
Eien
Bänklialp
Stocki
Engelberg
Brand

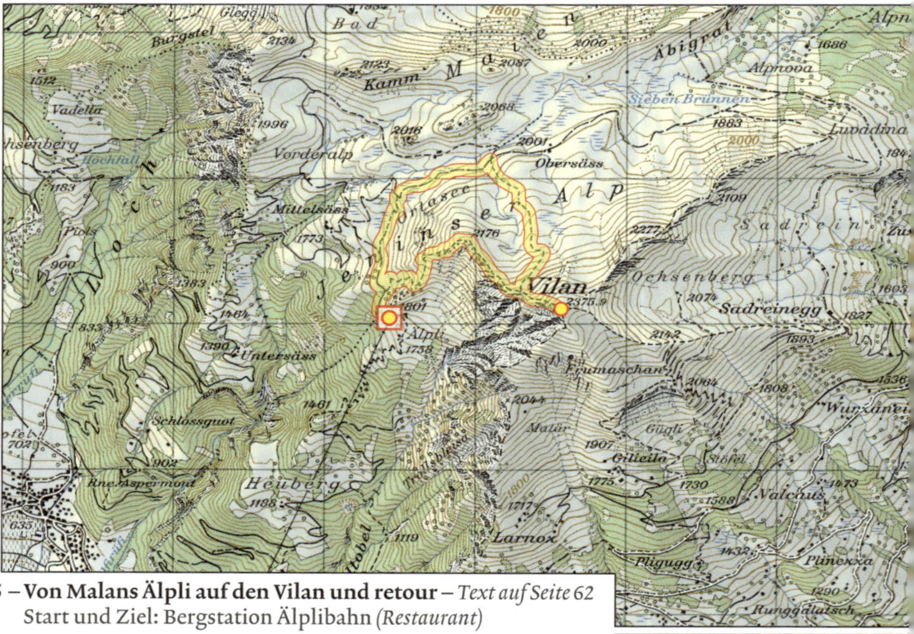

35 – **Von Malans Älpli auf den Vilan und retour** – *Text auf Seite 62*
Start und Ziel: Bergstation Älplibahn *(Restaurant)*

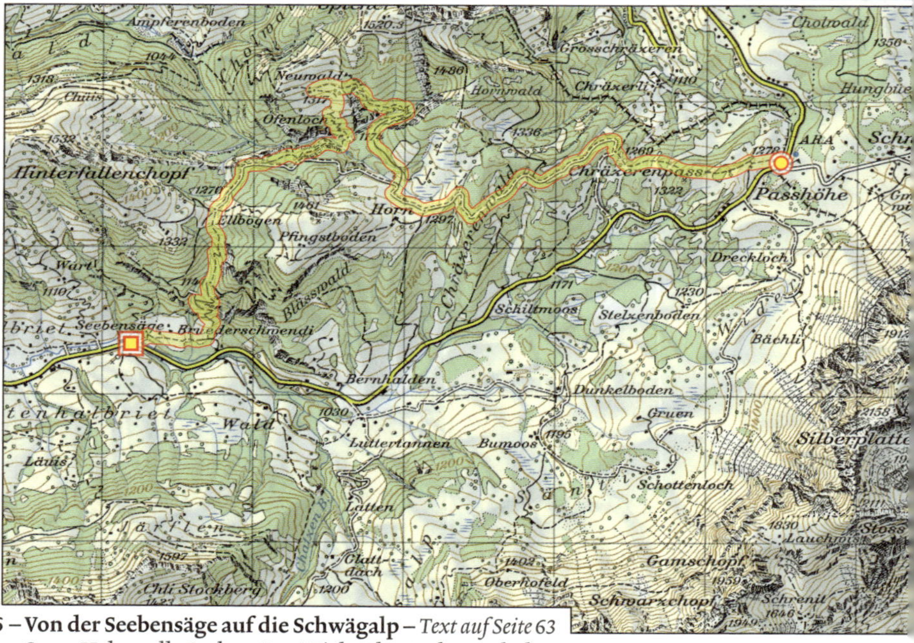

36 – **Von der Seebensäge auf die Schwägalp** – *Text auf Seite 63*
Start: Haltestelle Seebensäge / Ziel: Schwägalp Passhöhe

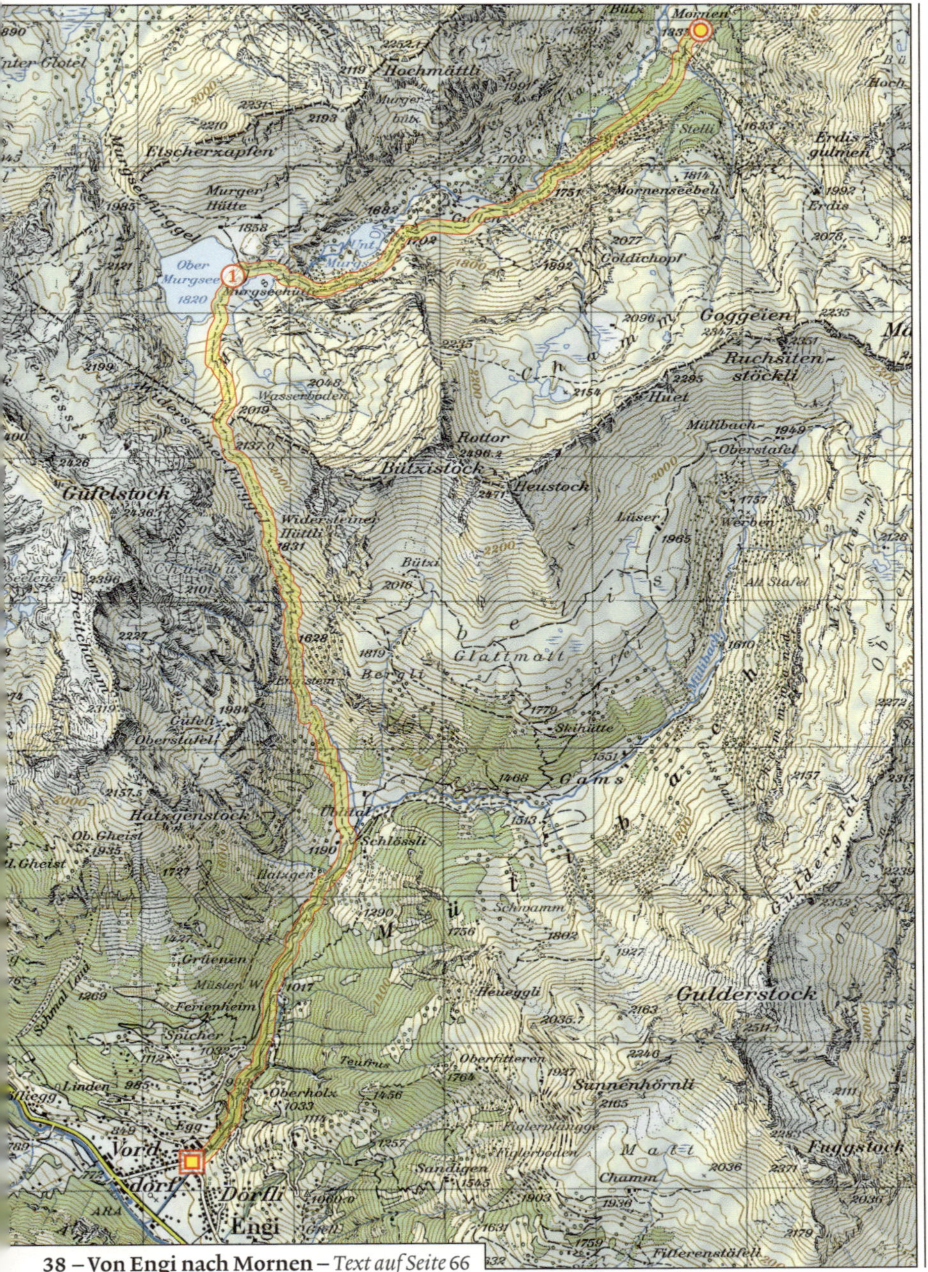

38 – Von Engi nach Mornen – *Text auf Seite 66*
Start: Engi Weberei / Ziel: Mornen Parkplatz / ① Gasthaus Murgsee

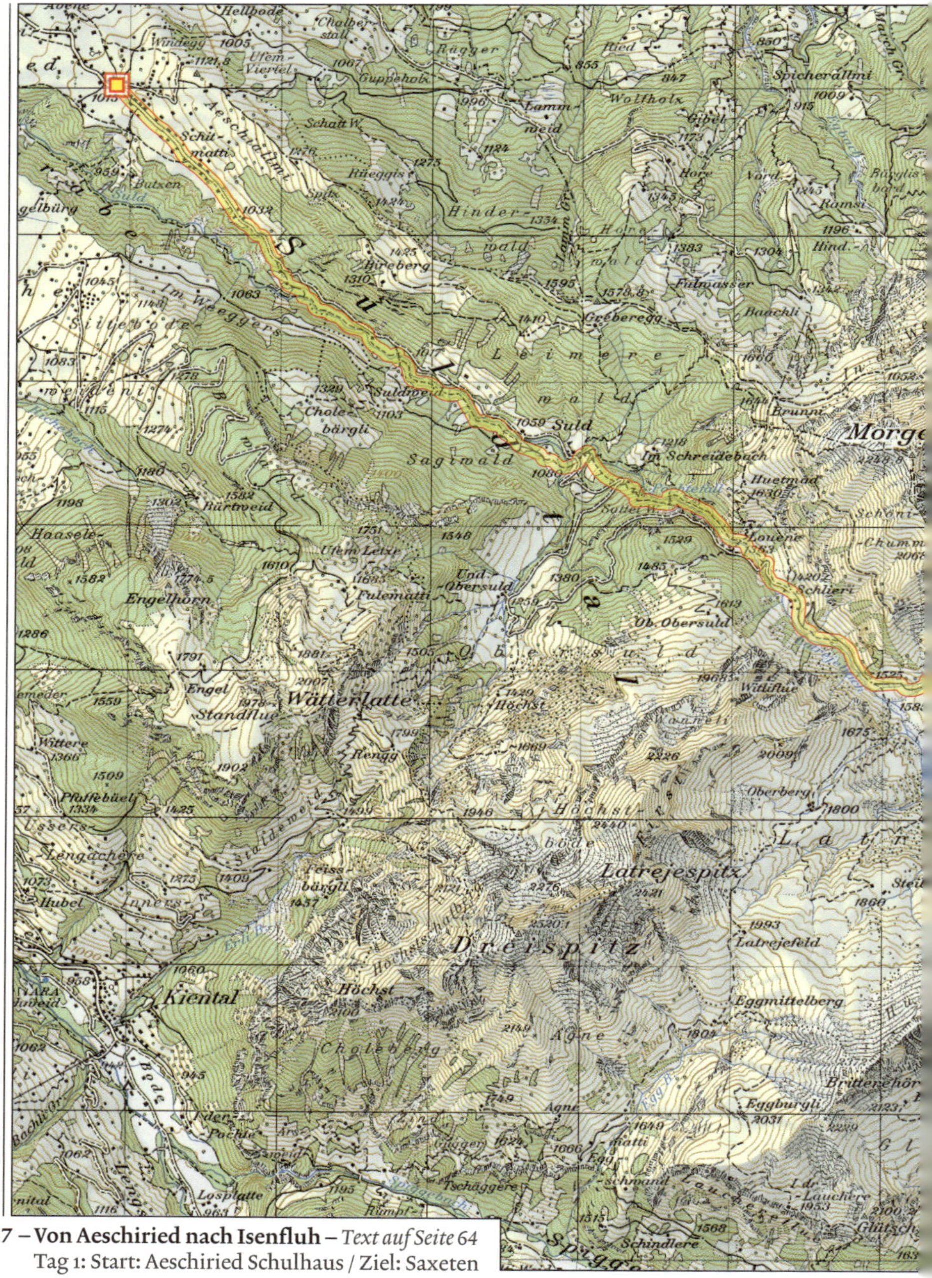

37 – Von Aeschiried nach Isenfluh – *Text auf Seite 64*
Tag 1: Start: Aeschiried Schulhaus / Ziel: Saxeten
Tag 2: Start: Saxeten / Ziel: Isenfluh

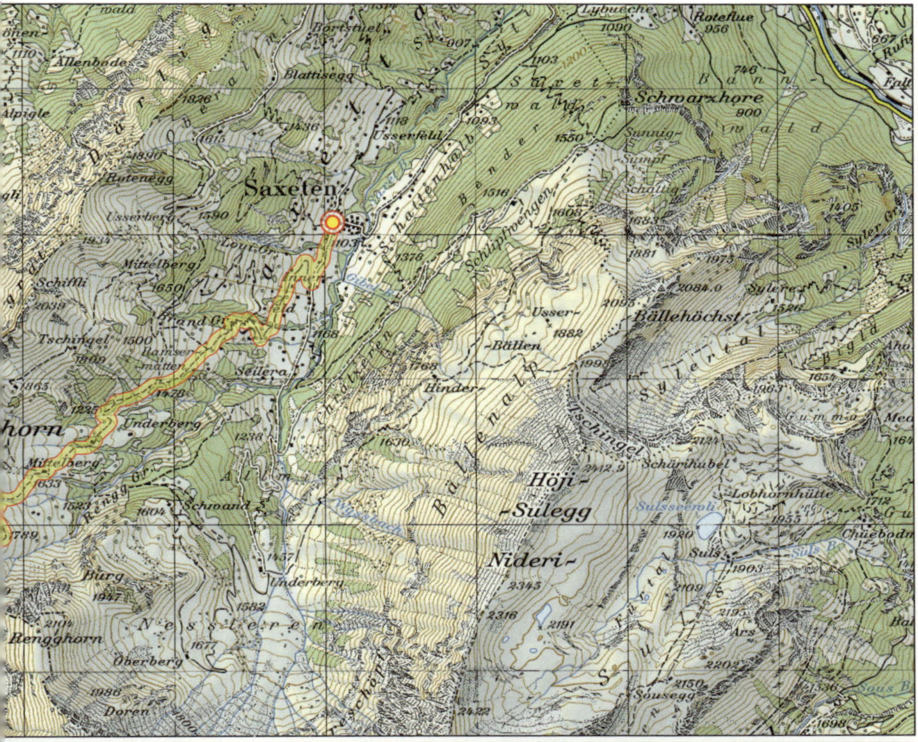

Saxeten
Bortstuel
Blattisegg
Allenboden
Lybueche
Roteflue
Schwarzhore
Usserfeld
Rotenegg
Usserberg
Mittelberg
Schiffli
Tschingel
Seilera
Underberg
Schwand
Schlipfwengen
Usser-
-Bällen
Hinder-
Bällehöchst
Sylertal
Schärihubel
Lobhornhütte
Höji-
-Sulegg
Nideri-
Sulsseeli
Suls
Chüebodmi
Burg
Renggfhorn
Oberberg
Doren
Sousegg
Ars

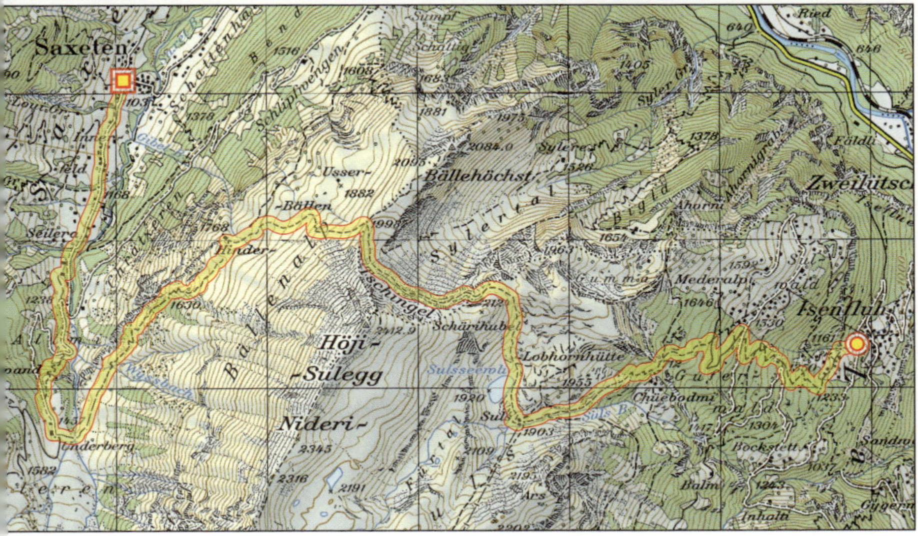

Saxeten
Sumpf
Ried
Schlipfwengen
Usser-
-Bällen
Bällehöchst
Sylertal
Zweilütsc
Ahorni
Mederalp
Isenfluh
Hinder-
Höji-
-Sulegg
Nideri-
Lobhornhütte
Sulsseeli
Chüebodmi
Underberg
Bockstett
Balm
Inhalti

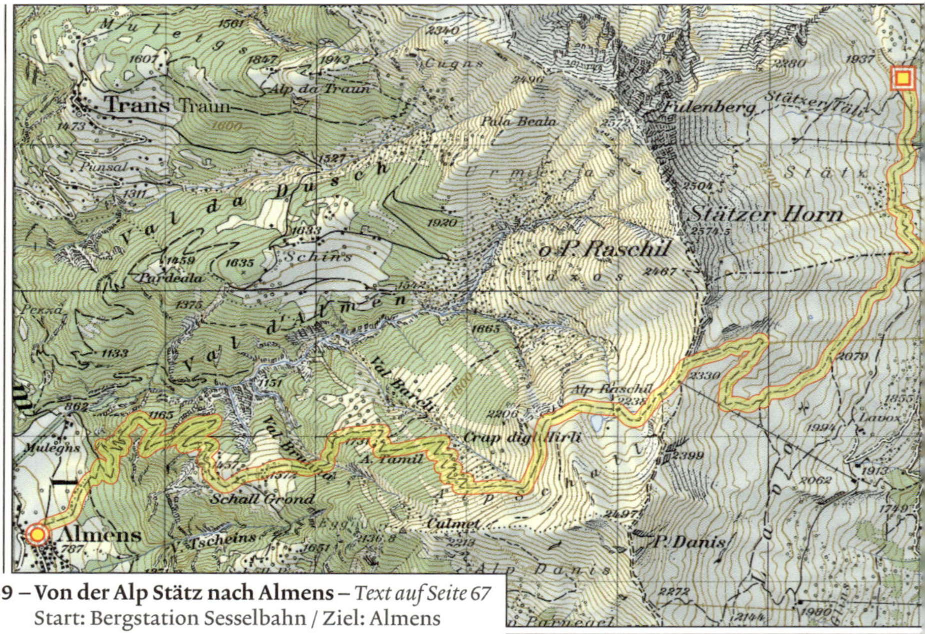

39 – Von der Alp Stätz nach Almens – *Text auf Seite 67*
Start: Bergstation Sesselbahn / Ziel: Almens

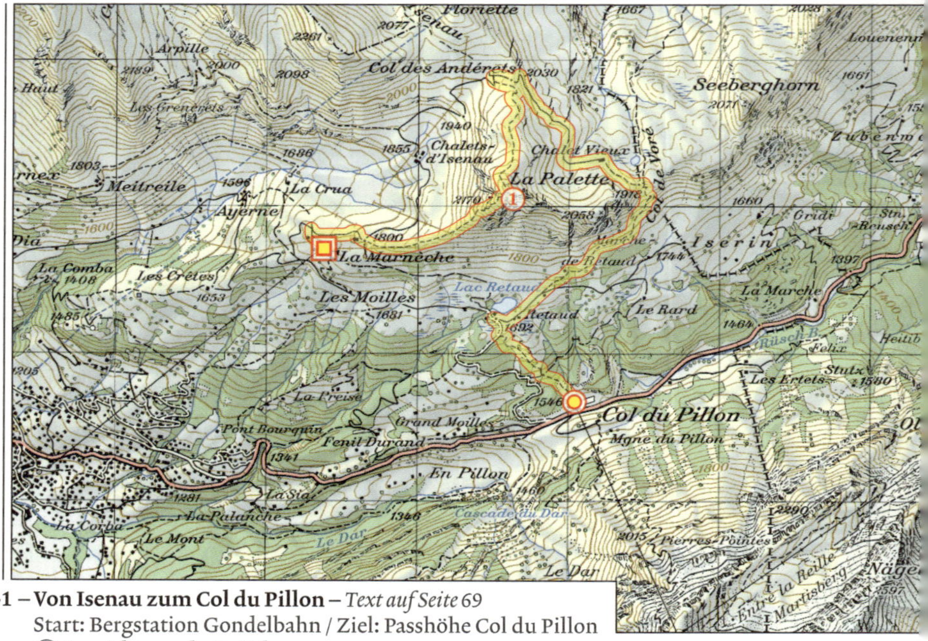

41 – Von Isenau zum Col du Pillon – *Text auf Seite 69*
Start: Bergstation Gondelbahn / Ziel: Passhöhe Col du Pillon
① Aussichtspunkt La Palette

40 – Von Splügen nach Turrahus – *Text auf Seite 68*
Start: Splügen / Ziel: Turrahus *(Busendstation und Restaurant)*

43 – Von Schwarzenburg nach Zollhaus – *Text auf Seite 72*
Start: Schwarzenburg Bahnhof / Ziel: Zollhaus (*Restaurant*)
① Aussichtspunkt Guggershorn

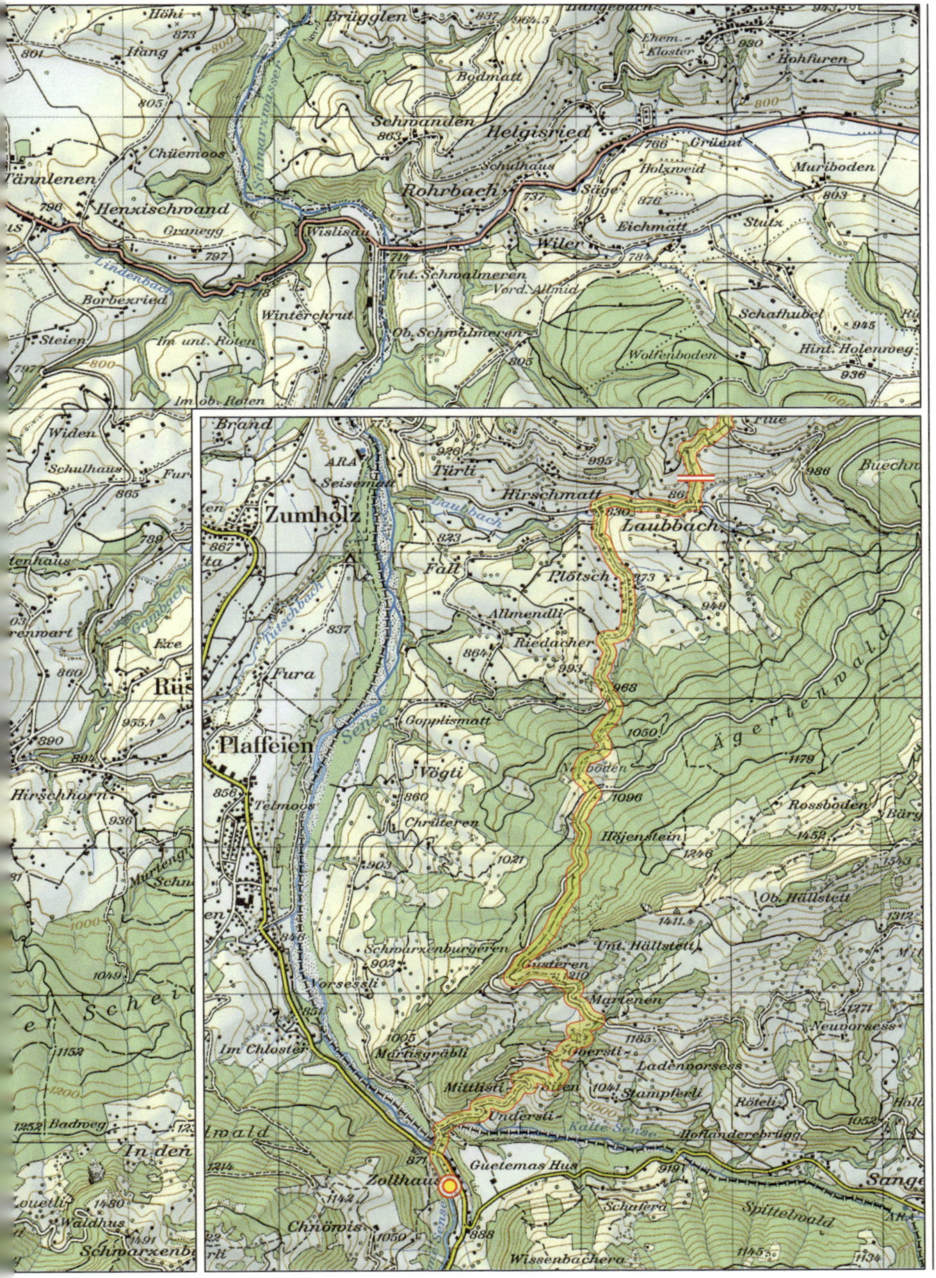
Brügglen
Bodmatt
Schwanden
Helgisried
Rohrbach
Schulhaus
Säge
Holzweid
Grüent
Muriboden
Hohfuren
Eichmatt
Stutz
Wiler
Wislisau
Unt. Schwalmeren
Vord. Allmid
Ob. Schwalmeren
Wolfenboden
Schathubel
Hint. Holenweg
Henzischwand
Chüemoos
Granegg
Borbexried
Winterchrut
Im unt. Roten
Im ob. Roten
Steien
Ifang
Brand
Zumholz
Seisematt
Türli
Hirschmatt
Laubbach
Plötsch
Allmendli
Riedacher
Fall
Fura
Plaffeien
Gopplismatt
Vögti
Telmoos
Chriteren
Höjenstein
Rossboden
Ob. Hällstett
Unt. Hällstett
Schwarzenburgeren
Vorsessli
Marienen
Neuvorsess
Ladenvorsess
Stampferli
Mittlisti
Undersli
Kalte Sense
Hoflandernbrügg
Guetemas Hus
Zollhaus
Chnöwis
Schafera
Spittelwald
Wissenbachera
Im Chloster
Widen
Schulhaus
Rüs
Hirschhorn
Badweg
In den
Waldhus
Sense
Schwarzwasser
Laubbach
Ägertenwald

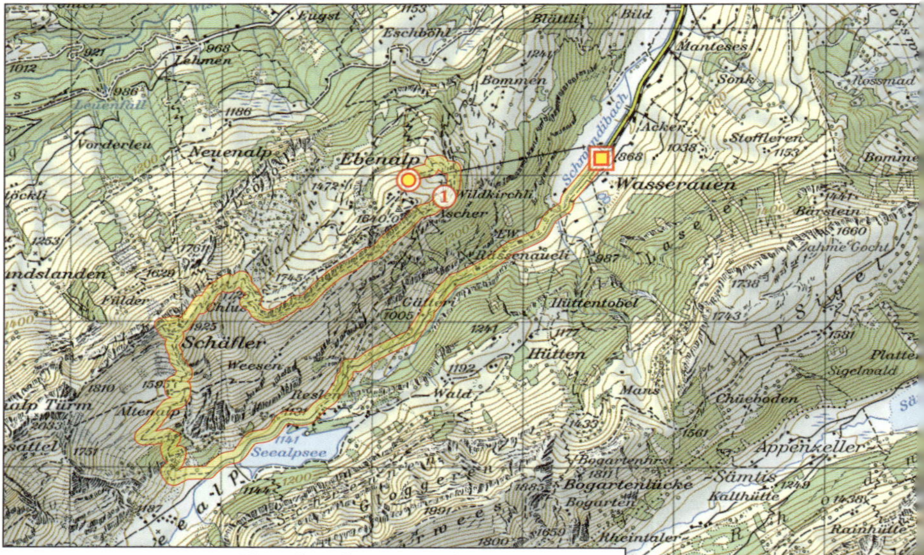

42 – Von Wassererauen auf die Ebenalp – *Text auf Seite 70*
Start: Wasserauen Station / Ziel: Seilbahn-Bergstation Ebenalp
① Wanderhöhepunkt: «Aescher» samt Wildkirchli

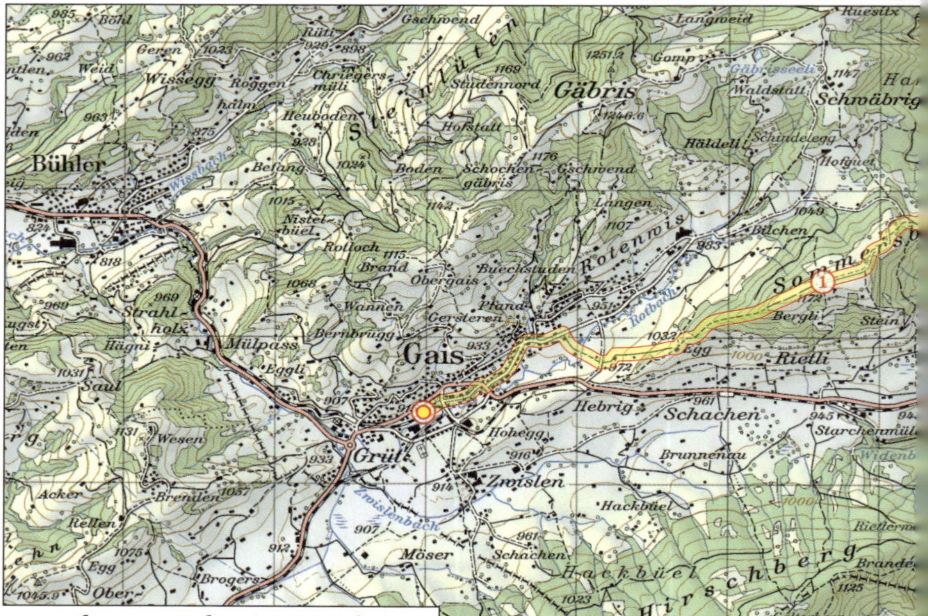

45 – Von Altstätten nach Gais – *Text auf Seite 74*
Start: Altstätten SBB / Ziel: Gais Bahnhof / ① «Sommersberg»

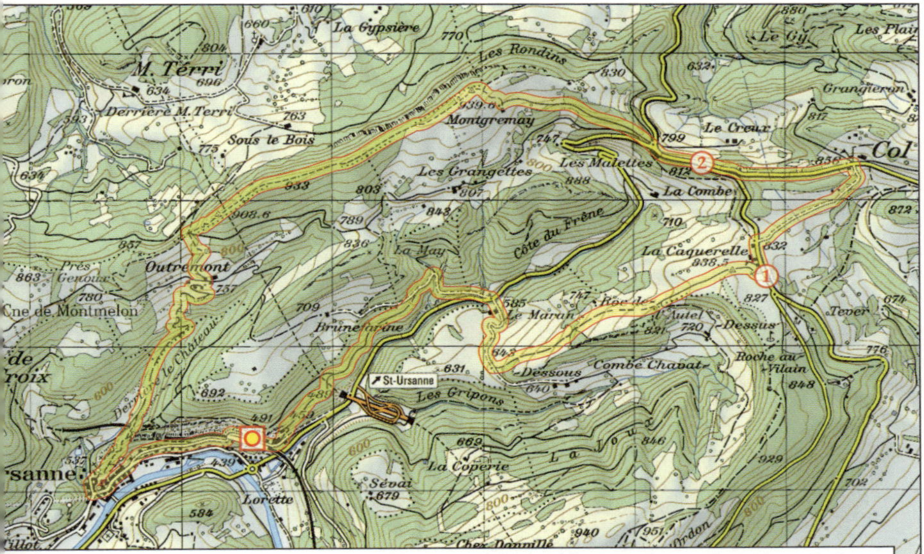

44 – Von St-Ursanne zum Col des Rangiers und retour via Outremont – *Text auf Seite 73*
Start und Ziel: St-Ursanne Bahnhof
① Restaurant La Caquerelle ② Ehemaliger Standort von «Le Fritz»

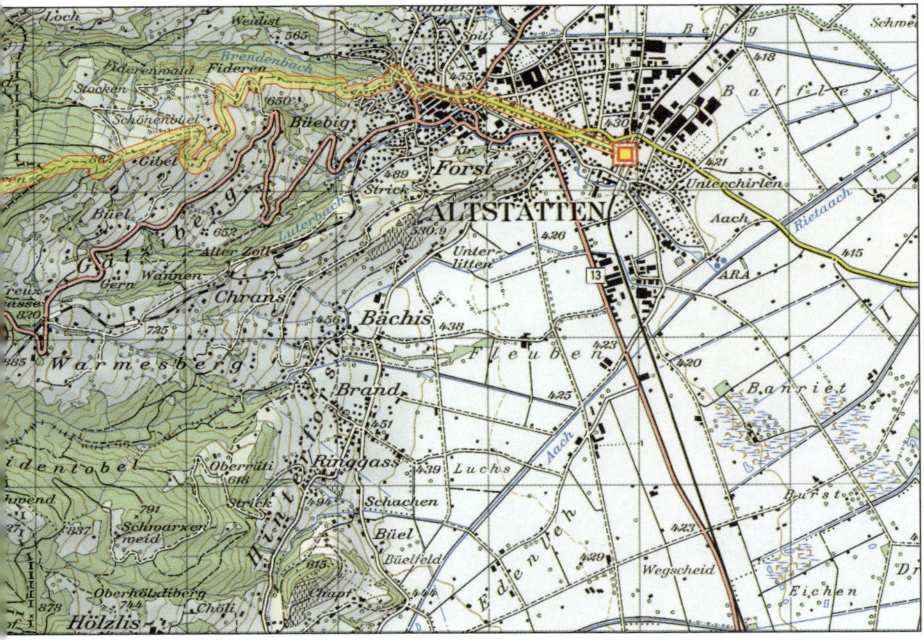

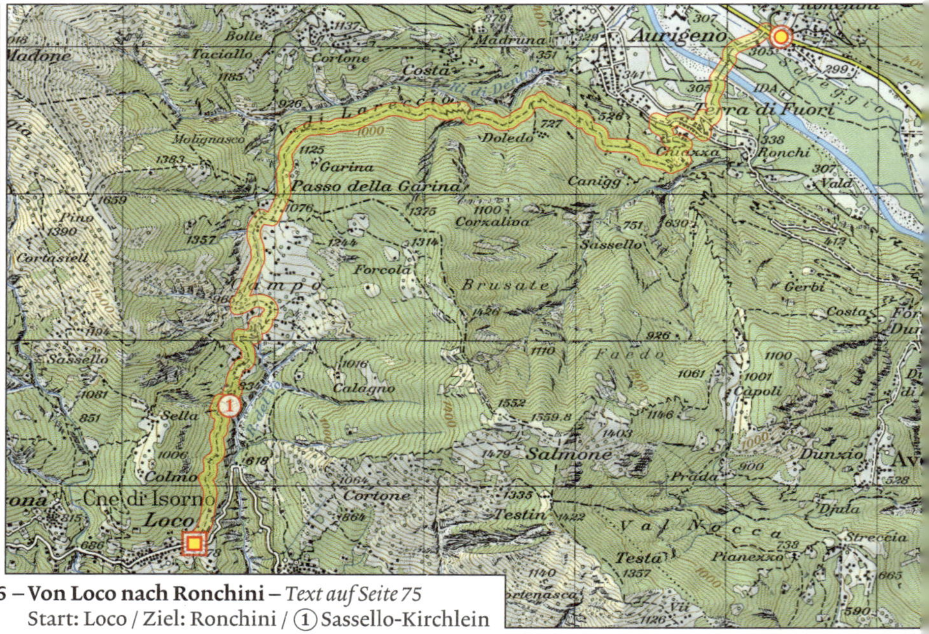

46 – Von Loco nach Ronchini – *Text auf Seite 75*
Start: Loco / Ziel: Ronchini / ① Sassello-Kirchlein

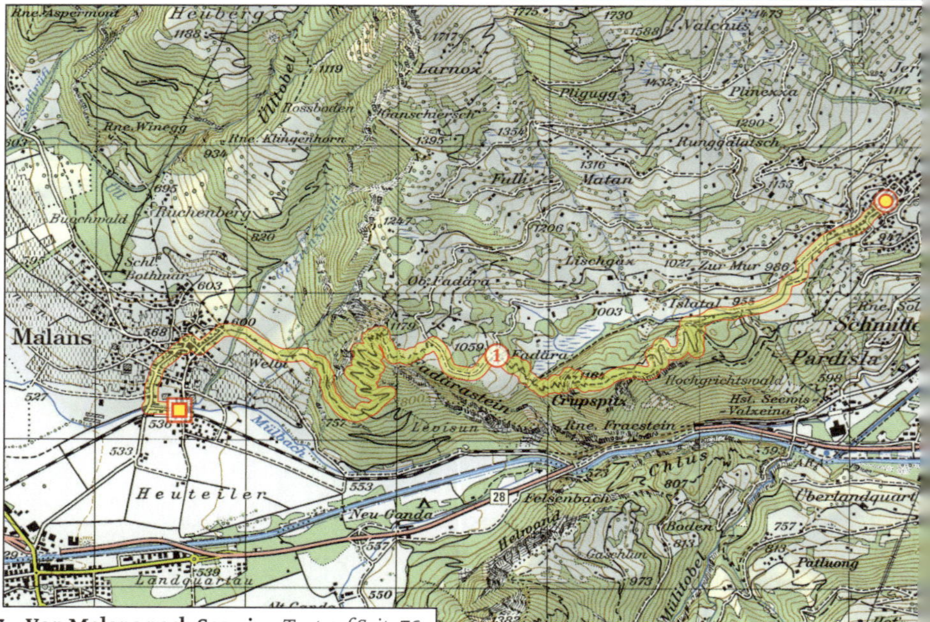

47 – Von Malans nach Seewis – *Text auf Seite 76*
Start: Malans Bahnhof / Ziel: Seewis Post / ① «Fadära»

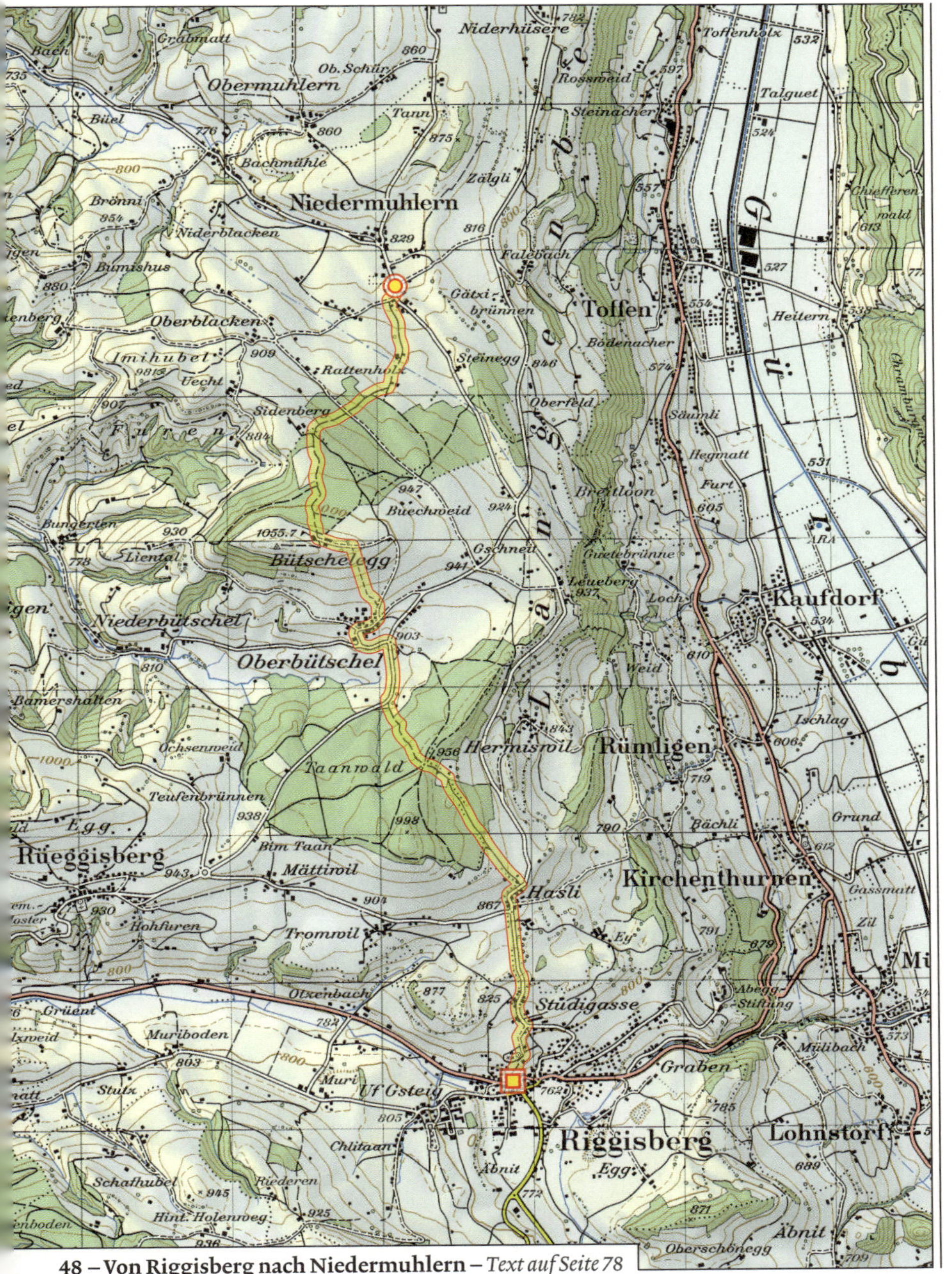

48 – Von Riggisberg nach Niedermuhlern – *Text auf Seite 78*
Start: Riggisberg Post / Niedermuhlern Post

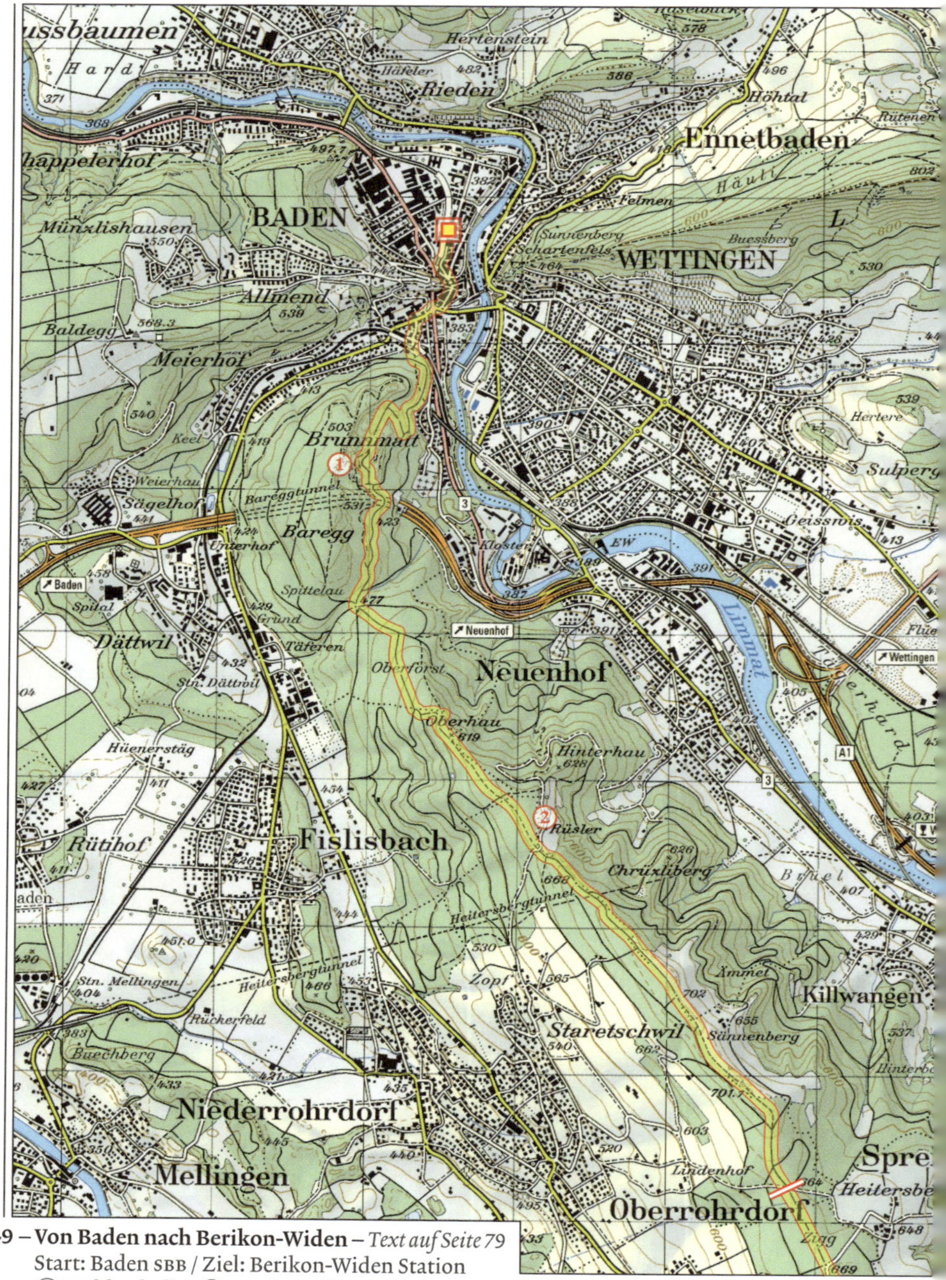

49 – Von Baden nach Berikon-Widen – *Text auf Seite 79*
Start: Baden SBB / Ziel: Berikon-Widen Station
① Tüfels Chäller ② «Rüsler» ③ «Ryokan Hasenberg»

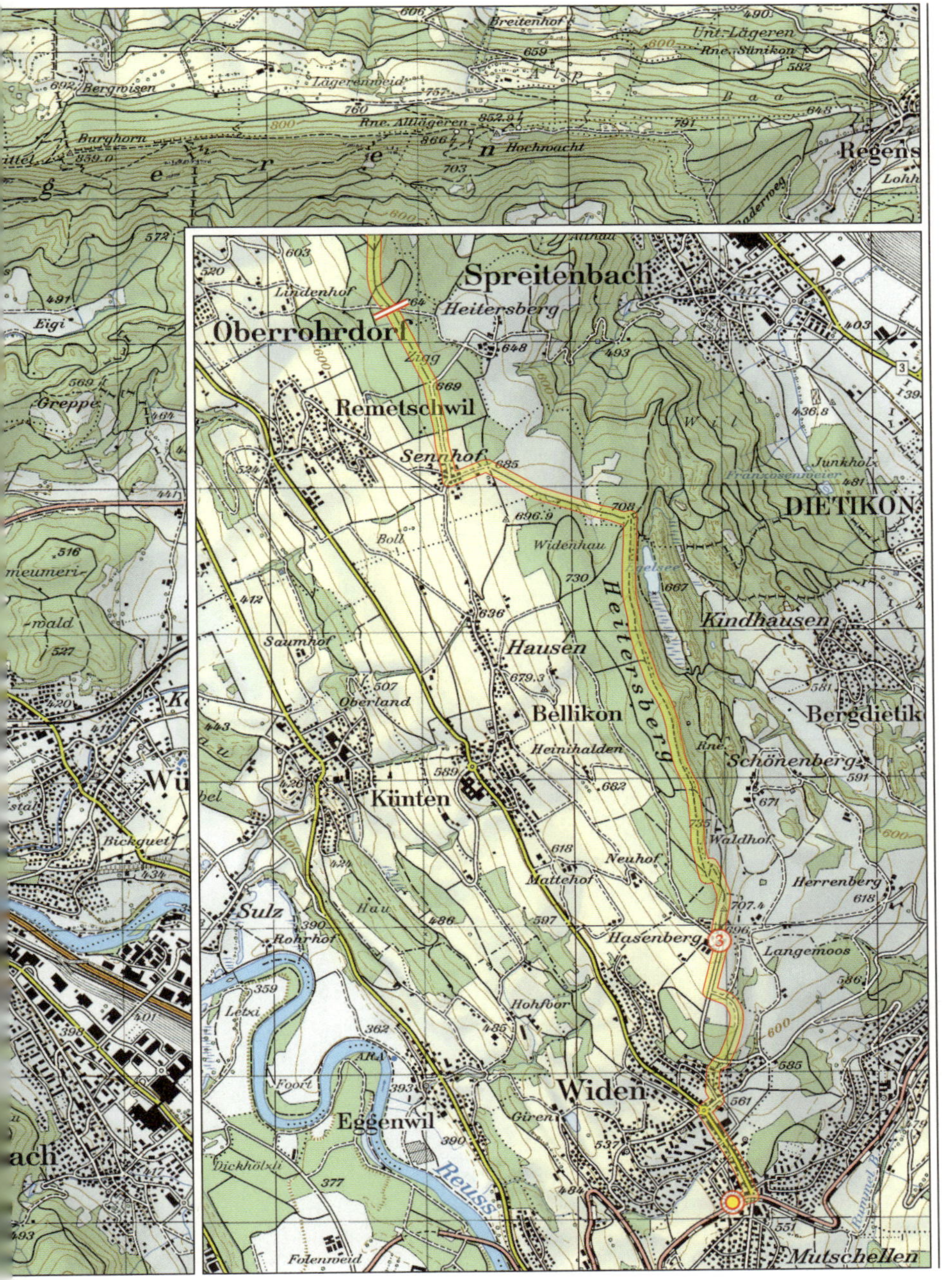
Breitenhof
Unt. Lägeren
Rne. Sünikon
Bergwisen
Lägerenweid
Rne. Alt Lägeren
Hochwacht
Burghorn
Regens
Spreitenbach
Lindenhof
Heitersberg
Oberrohrdorf
Zigg
Remetschwil
Sennhof
Junkholz
DIETIKON
Boll
Widenhau
Heitersberg
Kindhausen
Saumhof
Hausen
Oberland
Bellikon
Bergdietik
Heinihalden
Schönenberg
Künten
Waldhof
Neuhof
Mattehof
Herrenberg
Sulz
Rohrhof
Hasenberg
Langemoos
Hohfoor
Widen
Foort
Eggenwil
Giren
Reuss
Dickhölzli
Folenweid
Mutschellen
Eigi
Greppe
Bickguet

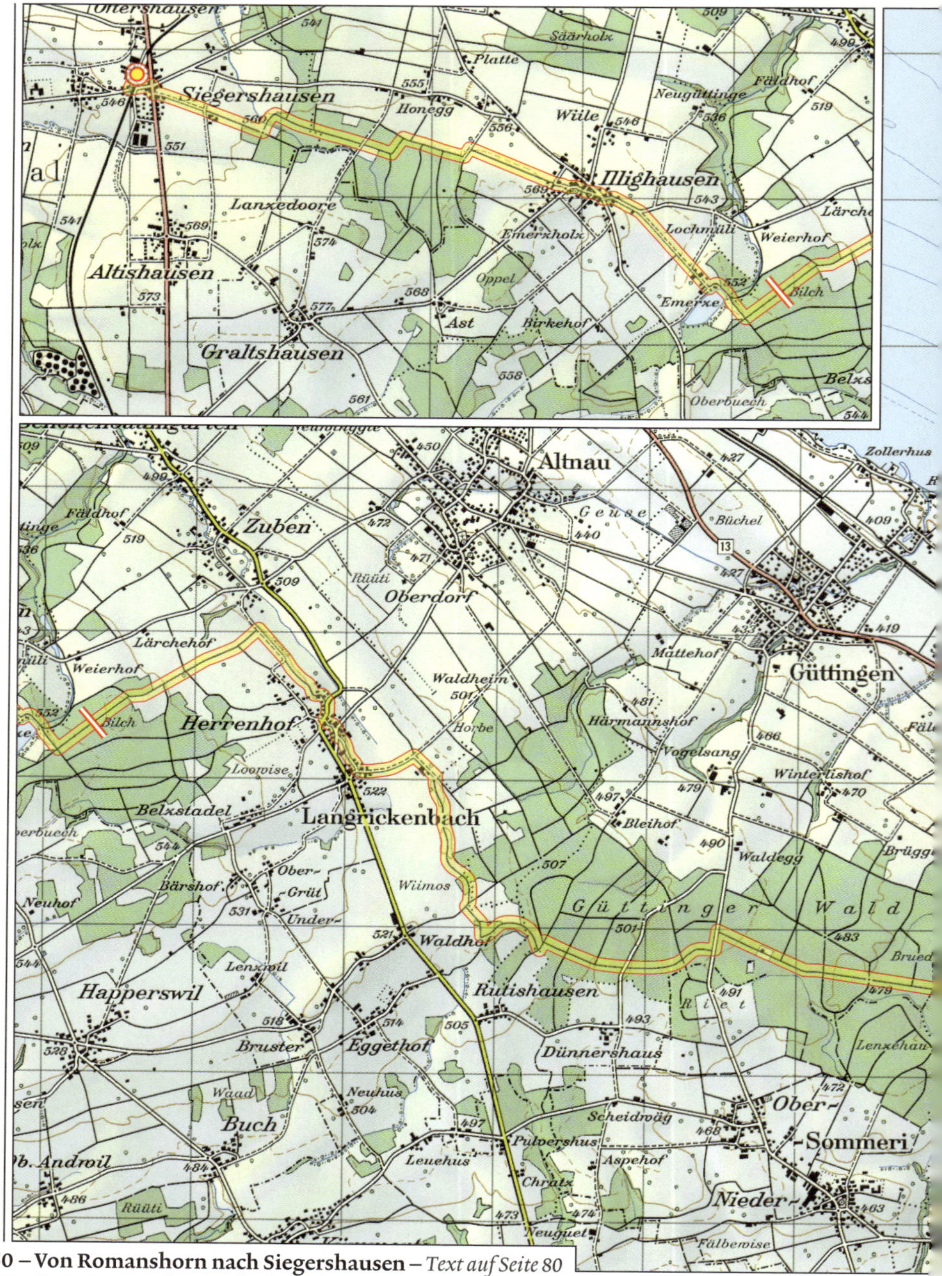

50 – Von Romanshorn nach Siegershausen – *Text auf Seite 80*
Start: Romanshorn Bahnhof / Ziel: Siegershausen Bahnhof

B
O
200
Mosburg
ARA
Seedorf
Kesswil
399
Strandbad
Hofstette
Oberdorf
Seewiigarte
398
Uttwil
Huetagger
Tobelmüli
Winggle
Seewasserwerk
Langfäld
Dozwil
Oberfäld
Holzestei
Riedere
Booholz
Gapf
Gesserüüti
Hamisfäld
Holzwis
Geierholz
Chloosterholz
Brüschwil
Chappehuuse
Neuwald
Sonnenberg
Morüüti
Holz
Insel

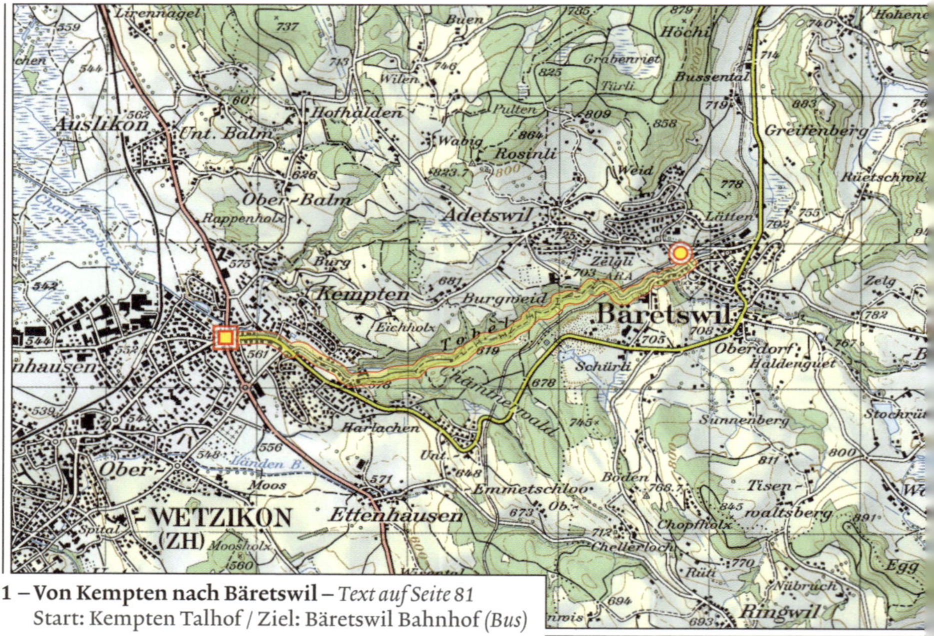

51 – Von Kempten nach Bäretswil – *Text auf Seite 81*
Start: Kempten Talhof / Ziel: Bäretswil Bahnhof *(Bus)*

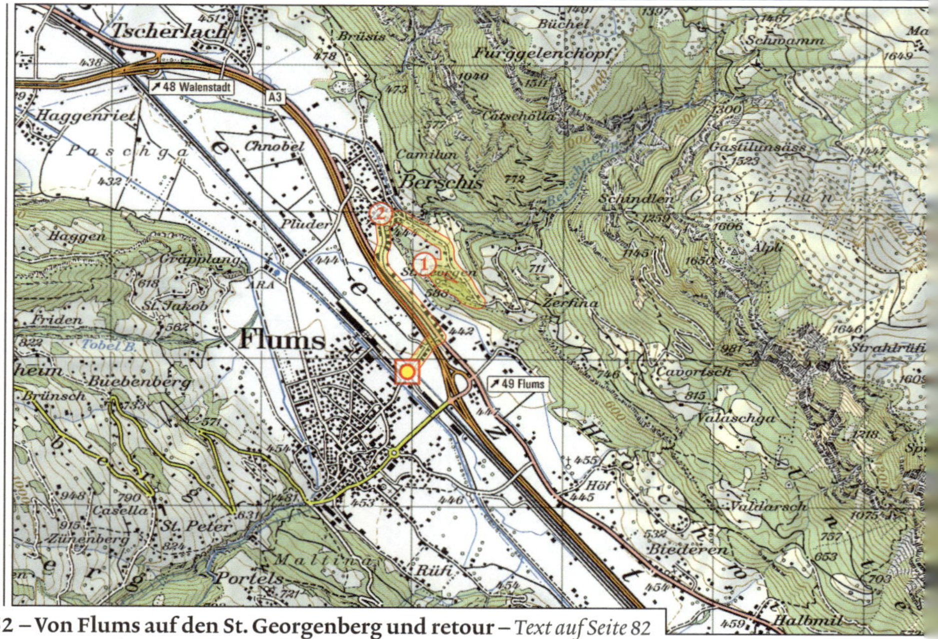

52 – Von Flums auf den St. Georgenberg und retour – *Text auf Seite 82*
Start und Ziel: Flums SBB / ① Lourdesgrotte ② «Linde»

Geografisches Register

Die Zahl bezieht sich auf die jeweilige Routennummer

Zum Autor: Thomas Widmer, Jahrgang 1962. Arabist und Islamwissenschaftler, verfasste das Buch «Meisterschreiber» über zeitgenössische arabische Kalligrafie. Arbeitet als Journalist bei der WELTWOCHE und schreibt dort als begeisterter Routensammler die Wanderkolumne «Zu Fuss».
Lieblingspass: Segnespass von Elm nach Flims.
Lieblingsort: St-Ursanne.
Lieblingsbergwirtschaft: «Hundwilerhöhe» (Hundwil AR).
Lieblingsberg: Zindlenspitz (GL/SZ).
Lieblingshügel: Chasseron (VD).

Raffael Waldners Landschaftsbilder kann man kaufen. 20 Aufnahmen aus diesem Buch und seinem Vorgängerband hat der Fotograf ausgewählt; von jeder Aufnahme werden 25 Abzüge im Format 40 auf 50 Zentimeter angeboten. Information beim Echtzeit Verlag, www.echtzeit.ch.

Fotografie: Raffael Waldner
Titelbild: Appenzellerland, Weg zur Hundwilerhöhe
Vorderer Teil: Elm, Blick auf das Zwölfihorn
Zwischen San Nazzaro und Indemini *(zwei Bilder)*
Pfad zum Stockberg SG
Nagelfluhpassage, Hundwilerhöhe
Bergsturzzone am Rossberg
Felsblöcke auf dem Jolimont
Zwischen San Nazzaro und Indemini
Rämisgummen zwischen Trubschachen und Schangnau
Hinterer Teil: Schneeloser Winterhang bei Grächen
Wald bei der Schartenflue SO
Tümpel auf dem Jolimont
Gola di Lago zwischen Isone und Tesserete
Matterhorn
Urserntal bei Andermatt
Militärische Abhöranlage bei Heimenschwand

1. Auflage 19. März 2008

ISBN 978-3-905800-15-9

Korrektorat: Edgar Haberthür
Gestaltung: Müller+Hess, Sarah Graf, Basel
Lithografie: Fotolabor Pascale Brügger, Basel
Druck: CPI Books – Ebner & Spiegel, Ulm

www.echtzeit.ch